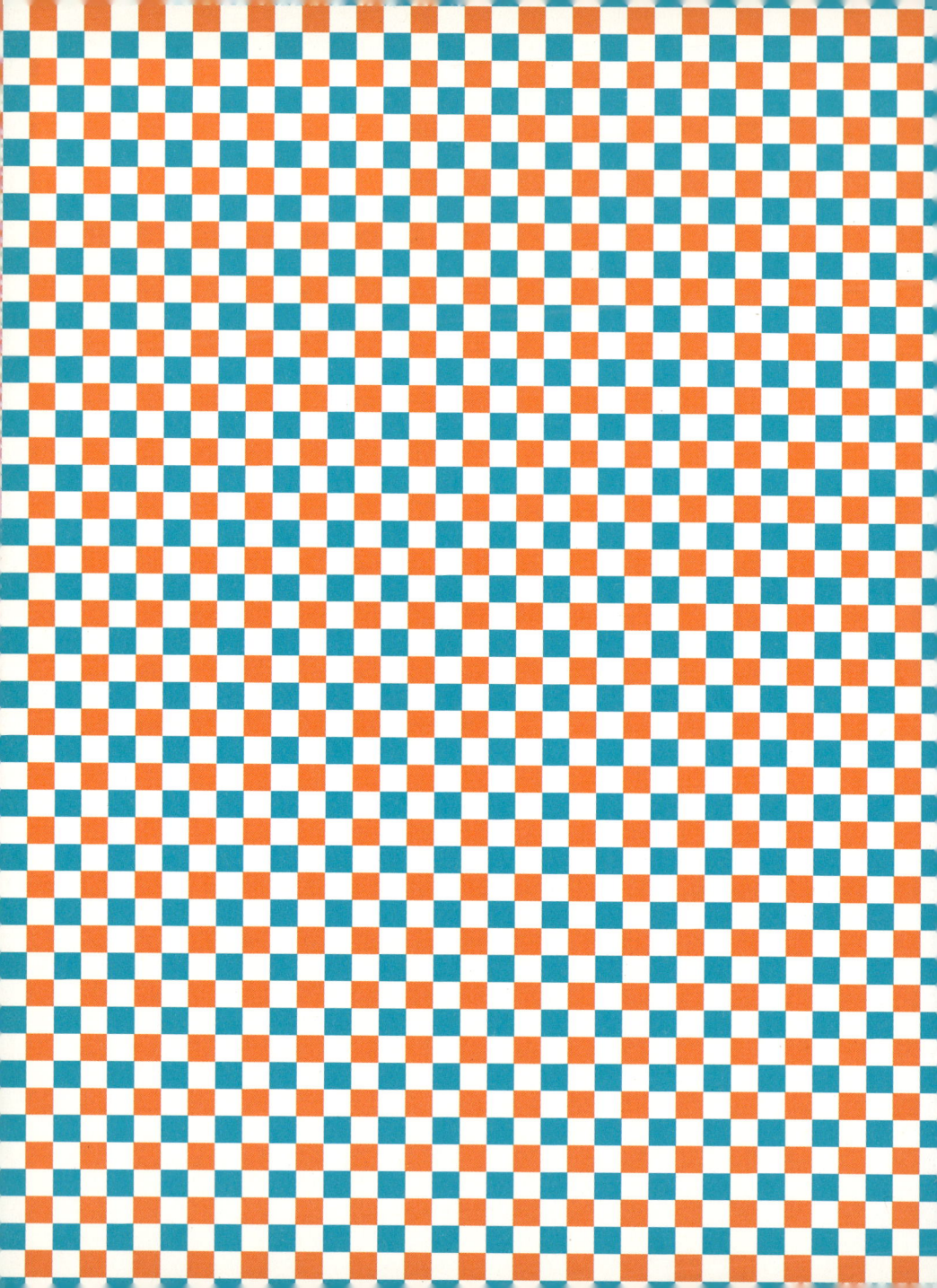

크로아티아
랩소디

크로아티아 랩소디

지상낙원
두브로브니크

최연진 지음

모요사

머리말

유럽에서 가장
아름다운 도시,
두브로브니크

    2011년, 유럽에서 가장 아름다운 도시인 크로아티아의 두브로브니크를 제대로 다룬 여행서를 내고 싶다고 했을 때 주변 반응은 두 부류였다. 이름도 들어본 적 없는 그런 낯선 곳을 누가 여행가느냐며 말리는 부류와 재미있겠다며 꼭 내보라고 응원하는 부류였다. 응원한 사람들은 두브로브니크에서 찍은 사진을 보았거나 그곳에 다녀온 사람들이었다. 하지만 워낙 낯선 곳이다 보니 책을 낼 기회가 쉽게 오지 않았다.

    그런데 방송의 힘이 무섭긴 무서웠다. 한 케이블TV 방송에서 크로아티아로 여행을 떠난 청춘남녀를 맺어주는 〈더 로맨틱〉이라는 프로그램을 방영하면서 갑자기 두브로브니크에 대한 관심이 급상승했다. 그러더니 2013년 말, 같은 방송에서 한창 인기를 끈 〈꽃보다 할배〉의 후속편 〈꽃보다 누나〉의 행선지로 두브로브니크를 포함한 크로아티아를 선택했다. 그 바람에 다시 사람들 사이에 크로아티아와 두브로브니크가 회자되기 시작했다. 덕분에 원고가 세상의 빛을 보게 되었다.

두브로브니크에 대한 책을 쓰게 된 계기는 여행을 준비하면서 이곳을 제대로 소개한 우리글로 된 책을 찾을 수 없었기 때문이다. 그래서 결국은 영문 여행서를 들고 여행을 다녀왔다. 그런데 현지에서 돌아다녀보니 영문 여행서에도 잘못된 정보들이 있었다. 책과 다른 부분은 현지 안내원들에게 물어봐 일일이 수정하고, 현지에서 자세한 정보를 다룬 영문 자료들을 다시 또 한 보따리 수집했다.

　원래 공부하듯 꼼꼼히 자료를 챙겨 여행하는 스타일이 아닌데 이렇게 수고를 한 이유는 두브로브니크가 너무나 아름다워서 제대로 알고 싶은 호기심이 강했기 때문이다. 확실히 여행은 아는 만큼 보인다. 모르고 보면 그저 무심한 돌기둥과 낡은 집일 뿐이지만, 알게 되면 그 안에 숨은 사연들이 보석처럼 빛나며 달리 보이게 된다.

　그렇게 시험 공부하듯 자료를 챙겨놓고 보니, 그대로 사장시키기엔 너무 아까웠다. 혹시나 두브로브니크를 찾는 사람들이 있다면 시행착오를 겪지 않고 더 많은 아름다움을 볼 수 있도록 제대로 된 정보를 알려줘야겠다는 생각에 책을 준비하게 되었다.

　운 좋게 두브로브니크로 여름휴가를 다녀온 이듬해 4월, 두브로브니크로 다시 출장갈 일이 생겼다. 그때 함께 간 일행들에게 현지 가이드를 하며 출판 예행연습을 했다. 다행히 반응이 나쁘지 않아 더더욱 책을 낼 결심을 굳히게 되었다.

　아쉬운 것은 사진이었다. 책에 쓸 사진을 고르려고 직접 찍은 사진들을 꺼내놓고 보니, 좀 더 좋은 카메라와 화각이 넓은 렌즈가 있었더라면 더 좋은 사진을 얻을 수 있었을 것이라는 아쉬움이 들었다. 책을 낼 생각을 하지 못해서 카메라 준비를 제대로 하지 못했는데, 앞으로는 가능하면 여행갈 때 풀 프레임 바디에 광각렌즈를 들고 가고 싶다.

    책을 준비하는 내내 힘들기도 했지만 즐거웠다. 다시 두브로브니크를 추억할 수 있었기 때문이다. 지금도 눈을 감으면 햇빛 아래 반짝이던 두브로브니크의 붉은 지붕들과 거울처럼 반짝이던 스트라둔 대로가 떠올라 그리움에 가슴이 아련하다. 기회가 되면 또 가고 싶다.

    책을 낼 수 있도록 격려와 응원을 해준 모든 분들에게 감사를 드린다. 그리고 힘든 작업 끝에 기대를 뛰어넘는 예쁜 책을 만들어준 모요사출판사 분들에게도 거듭 감사를 드린다.

    끝으로, 두브로브니크를 함께 여행한 아내가 없었으면 이 책은 나올 수 없었을 것이다. 책에 실린 사진 중 일부는 남다른 감성을 지닌 아내의 솜씨다. 좋은 일은 함께하면 기쁨이 배가 되듯, 좋은 곳도 좋은 사람과 함께 가면 즐거움과 추억이 몇 배가 된다는 사실을 깨닫게 해준 아내에게 고마움을 전한다.

2014년 새해에

최연진

차례

머리말　유럽에서 가장 아름다운 도시, 두브로브니크　004

ROUTE 1
왜 두브로브니크인가

두브로브니크를 아시나요?
014

넥타이와 달마티안의 원산지
020

마르코 폴로의 고향
028

ROUTE 2
서울에서 자그레브로

계획을 어떻게 짤까?
034

여름에 일주일을 투자하자
038

유럽의 허브공항을 이용하자
041

숙소는 어떻게 정할까?
044

환전은 유로화와 쿠나로
050

ROUTE 3
크로아티아의 관문 자그레브

크로아티아의 수도, 자그레브
058

자그레브의 배꼽, 옐라치치 광장
062

돌라츠 시장에서 만나는 아침의 활기
068

백 미터가 넘는 두 개의 첨탑, 성 스테판 성당
073

기적의 스톤 게이트
078

알록달록 장난감 같은 지붕, 성 마가 교회
082

로트르슈차크 탑의 대포 소리
086

레누치의 푸른 말발굽, 남쪽 광장들
088

플리트비체와 스플리트 둘러보기
099

ROUTE 4
아드리아 해의 진주 두브로브니크

아틀라스 버스를 타면 왼편에 앉아라
114

비극에서 시작된 두브로브니크의 역사
119

두브로브니크의 시작, 필레 게이트
128

거울 같은 거리, 스트라둔 대로
138

신비의 샘 오노프리오
142

유럽에서 가장 오래된 약국이 있는 프란체스코 수도원
150

ROUTE 5
두브로브니크의 이웃들

두브로브니크의 해운대,
반예 해변
286

누드 비치가 있는 로크룸 섬
290

배를 타고 도는 엘라피티 군도 투어
294

두브로브니크의 모래,
차브타트
297

Reflections of My Life, 라파드
304

슬로베니아의 블레드
312

내전의 아픔을 간직한
보스니아-헤르체고비나의
모스타르
315

ROUTE 6
서울에서 만난 크로아티아의 태권소녀

크로아티아의 태권소녀 젤라나
320

크로아티아의 현재 - 위기의 경제
322

위기 해법으로 꺼낸 EU 가입 카드
325

한국에 없는 주한 크로아티아 대사관
329

발칸 내전을 말하지 마라
334

의자가 없는 세르비아 정교회
156

두브로브니크의 중심,
루자 광장
161

두브로브니크의 수호성인을 기리는
성 블라시오 교회
166

아날로그와 디지털이 결합된 시계탑
170

두브로브니크의 세관,
스폰자 궁
174

박물관을 겸하는 도미니코 수도원
179

두브로브니크의 동대문,
플로체 게이트
184

두브로브니크의 하이라이트, 성벽 투어
190

바다로 향하는 관문, 로크룸 부두
220

모차르트의 하프시코드가
놓인 통치자 궁
224

사자왕 리처드 1세와의 인연,
두브로브니크 대성당
232

두브로브니크의 활력소,
군둘리체바 광장
238

예수회 교회, 성 이그나티우스 교회
244

해양 민족의 역사를 담은
해양박물관
249

두브로브니크의 골목 투어
252

두브로브니크의 또 다른 명물,
스르지 산 케이블카
266

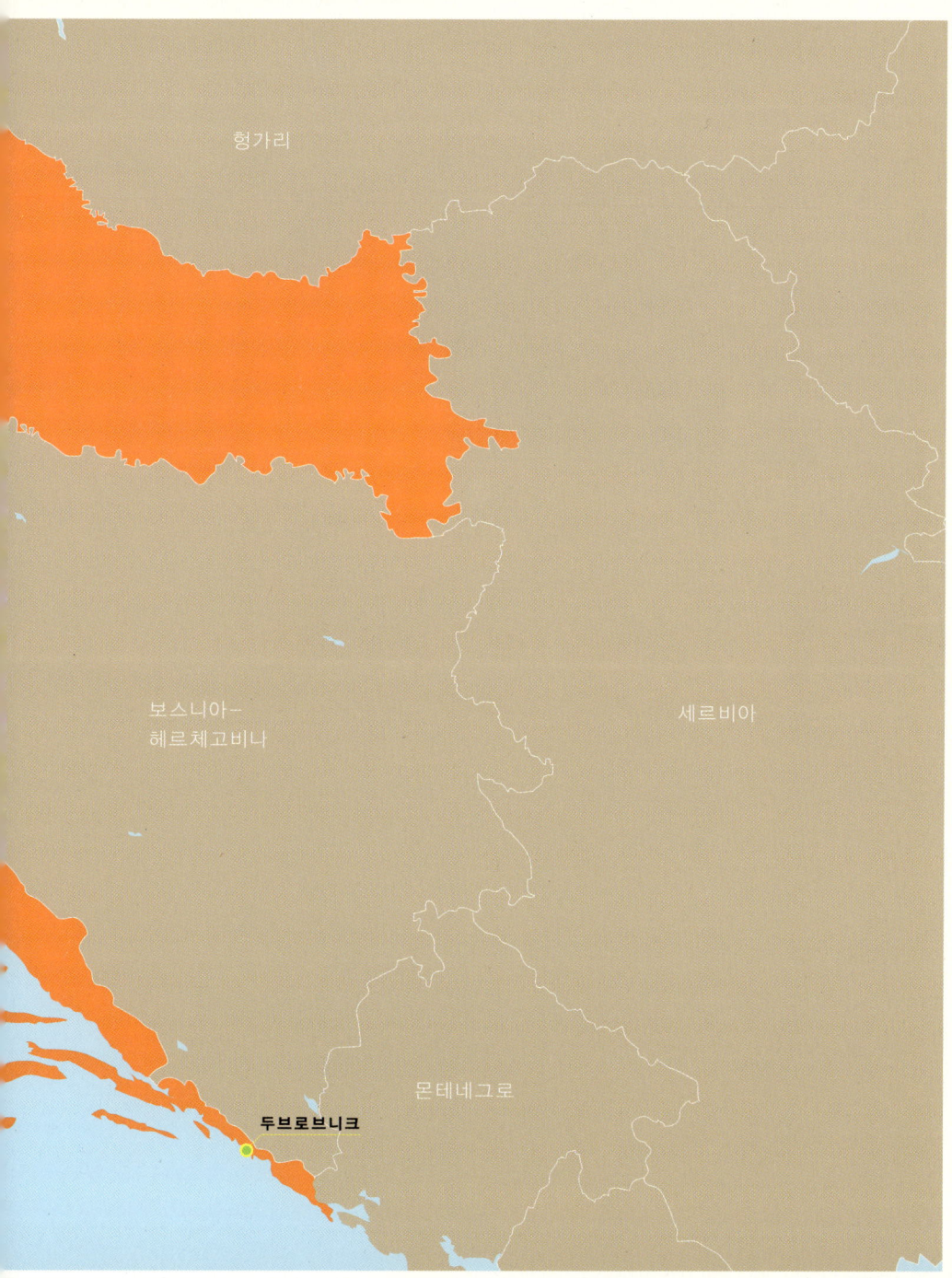

ROUTE 1

왜 두브로브니크인가

두브로브니크를
아시나요?

업무 때문에 유럽 출장을 자주 다녔다. 유럽에 갈 때마다 현지 가이드들을 붙잡고 물어본 질문이 있다. 유럽에서 꼭 가봐야 할 한 군데를 꼽는다면 어디인가?

질문을 받은 가이드들의 90퍼센트 이상은 잠시도 머뭇거리지 않고 크로아티아의 두브로브니크를 꼽았다.

어디? 어디라고? 두부…… 뭐?

그때만 해도 두브로브니크는 지명조차 제대로 발음하기 힘들 만큼 생소한 곳이었다. 잘 모르니 반응이 시큰둥할 수밖에. 그런가 보다 하고 넘어갔다.

그런데 그 뒤로 로마, 밀라노, 토리노, 런던, 암스테르담, 바르셀로나, 프라하, 제네바, 체스키크룸로프, 카를로비바리, 사르데냐 등 유럽 여러 곳을 방문해 가이드뿐 아니라 현지인들에게 똑같은 질문을 던졌는데, 마찬가지 대답이 돌아왔다. 유럽 여행을 많이 한다는 여행자들은 이구동성으로 두브로브니크를 유럽 최고의 가볼 만한 곳으로 꼽았다. 이쯤 되면 궁금증이 생기지 않을 수 없다. 도대체 어떤 곳이기에 그럴까.

일단 인터넷을 뒤져봤다. "아드리아 해의 진주". 영국의 계관시인 존 바이런 경은 두브로브니크를 그렇게 칭송했다. 아드리아 해란 이탈리아와 발칸 반도 사이에 낀 바다를 말한다. 영국의 극작가 조지 버나드 쇼는 "지상에서 진정한 천국을 보고 싶다면 두브로브니크로 가라"는 최고의 찬사를 남겼다.

세계적인 대문호들뿐만 아니라 세상을 떠난 애플 사(社)의 창업주 스티브 잡스도 살아생전 자주 들렀고, 마이크로소프트(MS) 사의 최고경영자(CEO)였던 빌 게이츠도 무척 좋아한 곳으로 알려져 있다. 그만큼 우리에게는 생소하지만 외국인들 사이에서는 첫손 꼽히는 관광명소가 바로 두브로브니크였다.

사진을 찾아보니 과장이 아니었다. 실제로 두브로브니크는 그런 찬사가 과찬이 아닐 만큼 단연 아름답다. 아니 아름답다는 말로는 다 표현하기 힘들 만큼 낭만적인 도시다. 구름 한 점 없이 눈이 시릴 정도로 새파랗게 빛나는 하늘 아래 코발트빛 바다가 넘실거리고, 그 위에 주홍색 지붕이 가득 들어찬 그림 같은 성채가 떠 있다.

한마디로, 물 위에 뜬 프라하 같은 도시다. 고색창연한 프라하에 한 가지 없는 게 있다면 바로 바다인데, 두브로브니크는 바닷가에 성채를 끼고 있어 멀리서 보면 바다 위에 떠 있는 성 같다.

국내에는 직항이 없고 상대적으로 다른 지역에 비해 멀다 보니 그렇게 널리 알려지지는 않았으나 최근 텔레비전 광고와 오락 프로그램에 등장하며

바다 위에 떠 있는 성 같은 두브로브니크

입소문을 타기 시작했다. 배우 고현정이 등장하는 커피 광고에 주홍색 지붕들이 보이는 도시가 바로 두브로브니크다. 또 케이블TV인 tvN에서 청춘 남녀의 데이트를 다룬 프로그램 〈더 로맨틱〉의 무대가 된 도시이기도 하다. 최근에는 〈꽃보다 할배〉의 후속편 〈꽃보다 누나〉의 첫 번째 여행지로 소개되기도 했다.

이보다 일찍 두브로브니크를 알린 작품은 지브리 애니메이션 중에 미야자키 하야오 감독이 만든 명작 〈붉은 돼지〉가 있다. 여기서 주인공인 '붉은 돼지' 포르코가 빨간 비행기를 몰고 누비던 무대가 바로 꿈의 도시 두브로브니크를 비롯한 크로아티아다. 미야자키 하야오 감독은 두브로브니크와 크로아티아를 방문한 뒤 한눈에 반해 이곳을 배경으로 그림을 그렸다고 한다.

이쯤 되면 아니 가볼 수 없다. 그때부터 아주아주 가고 싶다는 생각이 간절하게 들었다. 자, 이제 어떻게 간다?

두브로브니크를 찾아갈 방법을 궁리했다. 2011년 처음 두브로브니크를 방문할 때만 해도 국내에서는 크로아티아 관광 프로그램이 활성화돼 있지 않았다. 그나마 패키지 프로그램도 대부분 9박 이상 2주 정도의 긴 시간에 걸쳐 크로아티아의 여기저기를 쑤시고 다니며 힘들게 구경하는 구성이었다.

이렇게 다니면 크로아티아를 다녀왔다고 말할 수 있을지는 몰라도 정작 아름다운 보석 같은 두브로브니크에 머무는 시간은 길면 이틀 정도여서 사실상 겉핥기에 그친다. 굳이 멀고도 먼 그곳까지 가서 주마간산하듯, 그렇게 스쳐만 보고 온다면 굳이 갈 필요 없이 인터넷으로 사진만 찾아봐도 그만일 터이다.

절대 두브로브니크는 그렇게 보면 안 된다. 그럼 어떻게 봐야 할까. 직장인들이 가장 현실적으로 알뜰하고 알차게 볼 수 있는 방법은 여름휴가 일주일을 고스란히 두브로브니크에 쏟는 것이다. 실제로 그렇게 해봤기에 그 방법이 현실적이라는 것을 안다.

그렇게 두브로브니크에서 꿈같은 일주일을 보낸다면 결코 일주일이 짧은 시간이 아닐 것이다. 지금부터 그 노하우를 공개한다.

넥타이와
달마티안의
원산지

우선 가기 전에 두브로브니크가 어떤 곳인지 알아보자. 두브로브니크는 발칸 반도의 여섯 나라 중 하나인 크로아티아에서 가장 유명한 관광 도시다.

크로아티아 Croatia라는 국가명은 독일식 발음이며, 영어로는 크로에이샤, 크로아티아 말로는 흐르바츠카 Hrvatska라고 발음한다. 그래서 이 나라의 국가 도메인은 흐르바츠카의 약자인 '.hr'이다. 흐르바츠카라는 이름은 이란의 흐르바트 Hrvat 족이 이곳을 지배하면서 붙인 지명이다.

크로아티아라면 이종격투기 팬들은 유명한 크로캅을, 축구 팬이라면 수케르나 모드리치 같은 유명 선수들이 떠오르겠지만, 일반인들에게는, 특히 사십대 이상 나이든 세대에게는 크로아티아보다 유고슬라비아라는 이름이 더 익숙할 수 있다.

크로아티아의 역사는 로마 시대까지 거슬러 올라간다. 기원전 229년 처음 크로아티아에 발을 디딘 로마군은 이내 점령지로 삼아 무려 천 년 동안 다스렸다. 그러다가 6세기 말에 슬라브 민족들이 이주해왔고, 슬라브계인 토미슬라브 Tomislav가 925년에 처음으로 크로아티아 왕국을 세웠다.

크로아티아의 국가 도메인 HR을 새긴 자동차.
이 나라 여기저기에서 이 약자를 흔히 볼 수 있다.

자그레브 곳곳에서 볼 수 있는 크로아티아 국기

이후 반도 국가의 운명이 그렇듯 크로아티아는 숱한 외침에 시달린다. 1203년 강력한 해군을 가진 베네치아의 세력 확장으로, 두브로브니크 등 아드리아 해 연안 일대를 중심으로 라구사 공화국이 들어섰다.

1453년 비잔틴 제국이 망한 뒤 오스만튀르크가 유럽을 휩쓸면서 크로아티아도 그들의 지배를 받았다. 그러다가 오스만튀르크가 1697년 젠타^{Zenta} 전투에서 패하면서 다시 오스트리아를 중심으로 한 강력한 유럽 왕조인 합스부르크 가※의 손길 아래 놓였다. 그 바람에 크로아티아에는 가톨릭, 이슬람 등 여러 종교와 문화가 뒤섞였다.

제1차 세계대전에서 오스트리아가 패배하면서 합스부르크 왕가의 지배도 종말을 고했고, 크로아티아는 1918년 세르비아-크로아티아-슬로베니아 왕국이란 긴 이름으로 국호를 바꾼 뒤 다시 일어섰다. 1929년 유고슬라비아 왕국으로 또다시 개명했고, 제2차 세계대전 중에는 독일군의 침공을 받았다가 종전 후 구소련의 영향권에 편입되며 1945년 사회주의 국가가 되었다. 제2차 세계대전 당시 사회주의 이념노선을 표방하며 나치 독일을 상대로 빨치산 활동을 한 티토$^{Josip\ Broz\ Tito}$는 전후 유고슬라비아 대통령이 되어 사회주의 국가 중에서도 소련의 영향권에서 벗어난 독자 노선인 티토이즘을 표방하며 유명해졌다.

하지만 유고슬라비아는 다민족 국가이다 보니 융합이 쉽지 않았다. 각 민족별로 제각기 분리 독립을 추구했고, 1991년 슬로베니아와 크로아티아

의 독립을 시작으로 5년여에 걸친 내전 끝에 2006년까지 세르비아, 보스니아-헤르체고비나, 마케도니아, 몬테네그로가 각각 독립해 모두 6개 국가로 찢어졌다.

이 가운데 크로아티아는 비교적 북쪽에 위치해 있다. 서쪽에 푸르게 펼쳐진 아드리아 해를 제외하면 북쪽으로 슬로베니아와 헝가리, 동쪽으로 세르비아, 남쪽에 보스니아-헤르체고비나 등 4개국에 둘러싸여 있다. 크로아티아를 풍요롭게 만든 아드리아 해의 아드리아 Adria라는 명칭은 이탈리아의 아드리아라는 어촌에서 파생되었다. 포 Po 강 아래쪽에 위치했던 아드리아 사람들의 고기잡이를 위한 바다라는 뜻이다.

실생활에서 크로아티아와 관련 있는 익숙한 것들을 꼽는다면 바로 넥타이와 체크무늬가 있다. 넥타이와 체크무늬가 크로아티아에서 나왔기 때문이다. 17세기 프랑스의 루이 13세가 어머니인 마리 드 메디치에 맞서기 위해 용병으로 크로아티아인들을 고용했는데, 이들이 목에 둘러맨 삼각형 모양의 스카프가 넥타이의 기원이다. 프랑스 사람들은 크로아티아 사람들의 삼각형 모양 스카프를 보고 '크라바테 Cravate'라고 불렀고, 여기서 넥타이를 뜻하는 '크라바트 Cravat'가 유래했다.

지금도 크로아티아에는 크라바트라는 넥타이 브랜드가 있다. 뿐만 아니라 크로아티아 사람들은 전 세계적으로 넥타이를 유행시킨 것을 기념해 10월

크라바트를 한 크로아티아 군인, 17세기

〈크로아티아의 바로크 시인 이반 군둘리치〉, 1622년. 크라바트를 한 가장 오래된 초상화로 알려져 있다.

18일을 '크라바트 데이'로 정해 매년 축제를 개최한다.

실제로 크로아티아를 방문하면 공항이나 기념품점에서 체크무늬가 들어간 넥타이를 쉽게 볼 수 있다. 특별히 품질이나 디자인이 뛰어난 것은 아니지만 크로아티아의 상징이라는 점에서 의미가 있다.

또 크로아티아는 다리가 길어 귀족 견(犬)처럼 늘씬하게 생긴 점박이 개로 유명한 달마티안의 고향이기도 하다. 특히 두브로브니크로 대표되는 달마티아 지역이 달마티안의 본산지다.

크로아티아의 명견 달마티안

크로아티아의 면적은 남한의 절반 정도이고 수도는 자그레브다. 인구가 고작 450만 명가량에 불과한 소국이다. 국토 면적은 작지만 천2백 개가 넘는 섬이 있어 사실상 도서(島嶼) 왕국이다. 하지만 이 가운데 사람이 사는 섬은 불과 50개 남짓이며 나머지는 무인도다.

재미있는 것은 인구가 얼마 되지 않는 이 나라에서 1987년 전 세계 50억 번째 인구에 해당하는 마테즈 가스파르가 태어났다는 점이다. 유엔은 이를 기념해 자그레브에서 태어난 가스파르의 생일인 7월 11일을 '세계 인구의 날'로 정했다.

언어는 크로아티아어가 따로 있지만, 자그레브나 두브로브니크 등 유명 관광지에서는 대체로 영어나 프랑스어(혹은 독일어)가 통한다. 화폐는 단위가 '쿠나^{kuna}'인 자체 화폐를 주로 쓴다. 정 급하면 유로화를 써도 되지만 유로화를 내면 쿠나보다 비싸게 셈하거나 아예 받지 않는 경우도 있으니 되도록 현지 공항에 도착했을 때 쿠나로 환전하는 게 좋다. 1쿠나는 1달러 당 1,117원 환율을 기준으로 했을 때 195원 정도 한다. 그냥 '1쿠나는 200원'이라고 계산하면 편하다.

    크로아티아의 경제는 주로 농업과 관광이 큰 비중을 차지하며 석유가 나오는 산유국이어서 석유화학이나 천연가스 등도 발달돼 있다. 종교는 가톨릭이 대부분이며 일부 세르비아 정교, 기독교도 있다. 돌아다니다 보면 뜻밖에도 이슬람 회당인 모스크를 더러 볼 수 있는데, 예전에 이슬람의 침공을 받았기 때문에 생긴 역사의 흔적이다.

마르코 폴로의 고향

우리가 알 만한 사람을 꼽아보면 크로아티아가 좀 더 친근하게 다가온다. 가장 유명한 인물은 마르코 폴로다. 크로아티아의 코르출라^{Korčula}에서 태어난 마르코 폴로는 이탈리아 베네치아 공화국의 상인이 돼 숙부를 따라 중국을 다녀온 뒤 유명한 『동방견문록』을 남겼다.

과학에 관심이 없다면 낯설 수 있지만 현대 과학의 발달을 거론하면서 빼놓을 수 없는 천재 과학자 니콜라 테슬라$^{Nikola\ Tesla}$도 크로아티아 사람이다. 그는 근 백 년 전에 교류전류의 활용법과 무선통신을 발명하고 레이더의 원리가 되는 이론을 다듬은 천재 과학자로, 너무나 뛰어났기에 미국의 발명왕 토머스 에디슨이 죽을 때까지 시기했다고 한다.

이밖에 낙하산을 발명한 16세기의 발명가 파우스트 브란치치$^{Faust\ Vrančić}$, 만년필을 발명한 에두아르 펜칼라$^{Eduard\ Penkala}$ 역시 크로아티아 사람이다.

이쯤 되면 크로아티아에 왠지 친근감이 들지 않는가.

그런데 크로아티아 사람들도 한국을 알고 있을까? 답은 '너무너무 잘 안다'. 크로아티아 사람들은 의외로 한국에 대해서 깜짝 놀랄 만큼 잘 알고 있다. 처음 크로아티아에 도착했을 때 현지 노인이 "어디서 왔느냐?"고 묻기에 "한국"이라고 대답했더니 대뜸 "남쪽이냐 북쪽이냐?"를 물어서 놀랐다. 보통 한국 상황을 잘 알지 못하면 남북한이 갈린 현실을 모르는 외국인이 많다.

크로아티아가 남북 대치 상황을 잘 아는 이유는 6개 국가로 쪼개지기 전 유고슬라비아 시절에 우리보다 북한과 먼저 수교했기 때문이다. 그 바람에 우리에게는 잊지 못할 사건이 하나 얽혀 있다.

1977년 7월에 일어난 피아니스트 백건우 씨와 영화배우 윤정희 씨 부부의 납북 미수 사건이 당시 유고슬라비아의 수도 자그레브에서 일어났다. 당시 기록에 따르면 지인의 초대를 받아 자그레브 국제공항에 들어갔던 백건우 씨 부부는 현지에서 이상한 낌새를 느껴 미국 영사관으로 달아나 위기를 모면했다고 한다.

크로아티아가 독립한 뒤에는 북한보다 우리가 먼저 수교했다. 1992년 크로아티아가 내전을 끝내고 독립하자 그해 11월에 우리와 북한이 모두 외교관계를 시작했으나 보름가량 우리가 빨랐다.

우리는 2005년 크로아티아에 대사관을 설치하며 대사급으로 외교관계를 격상했으나 크로아티아는 아직 우리나라에 대사관을 설치하지 않았다. 그래서 일본에 있는 크로아티아 대사관이 주한 대사관 업무까지 겸한다. 현지에 자동차와 전자제품 수출을 위해 적극적 외교관계를 원한 우리 정부는

2011년 박희태 당시 국회의장이 직접 크로아티아 정부를 방문해 주한 대사관 설치를 요청했고, 긍정적 답변을 이끌어냈으나 아직까지 변화가 없다.

크로아티아에 대한 대략의 배경을 알았다면, 이제 직접 떠나보자.

TIP

크로아티아는……

면적	5만 6,594㎢, 남한의 약 절반 정도
수도	자그레브
인구	447만 5천여 명 (2013년 7월 기준)
언어	크로아티아어. 영어, 프랑스어도 통용
화폐	쿠나, 1쿠나 = 약 200원
시차	한국보다 8시간 늦음
종교	가톨릭, 세르비아 정교, 이슬람
일인당 GDP	1만 3,999달러 (2012년 IMF 기준 세계 51위, 한국은 2만 3,679달러로 세계 34위)
수교	1992년 한국과 대사급 수교. 90일간 무비자 입국 가능

현지 연락처

주 크로아티아 한국대사관
자그레브에 위치
전화 385(국가번호)-1-4821-282
현지에서 걸 때 01-4821-282

자그레브 종합병원 Klinicki Bolnicki Centar Zagreb
전화 385-1-2388-888
현지에서 걸 때 01-2388-888

두브로브니크 종합병원 General Hospital Dubrovnik
전화 385-20-431-777
현지에서 걸 때 020-431-777

치안은 안전한가요?

비교적 안전한 편이어서 주요 관광지에서는 야간에 다녀도 문제가 없지만 약간의 인종차별적 편견을 가진 사람들이 있기 때문에 밤에 사람이 없는 곳이나 클럽 등에서는 조심해야 한다.

주차 단속이 엄격하다. 주차 금지 구역은 물론이고 주차 허용 지역에서도 시간을 조금이라도 초과하면 바로 견인을 당하니, 렌터카를 주차할 경우 주차 구역 여부를 주변 상점 등에서 확인하는 게 좋다.

도난 사건이 많지는 않지만 여름 성수기에는 매년 한국 관광객이 도난을 당하는 사건이 한두 건씩 발생하므로 공항, 항만 등 사람들이 붐비는 곳에서는 여권과 소지품을 분실하지 않도록 주의해야 한다.

Route 2
서울에서 자그레브로

계획을 어떻게 짤까?

보통 여행사들이 내놓는 크로아티아 여행상품을 보면 두브로브니크 단독 여행보다는 크로아티아를 북에서 남으로 훑는 상품들이 많다. 비행기를 여러 번 갈아타야 하는 먼 곳이다 보니, 이왕 간 김에 두루 둘러보라고 그렇게 만든 모양이다. "나 여기 가봤다"고 자랑할 수 있도록 최대한 많은 곳을 포함시킨, 질보다 양 위주의 여행상품 스타일이다.

이런 스타일로 구성하게 되면 흔히 자그레브, 플리트비체와 스플리트, 두브로브니크를 엮어서 만든다. 플리트비체는 크로아티아 최고의 국립공원으로 꼽히는 곳이다. 천혜의 자연경관이 만들어낸 아름다운 숲과 호수는 흔히 말하듯 요정들이 사는 곳이 아닐까 하는 착각이 들 만큼 아름답다. 호수만 16개, 크고 작은 폭포는 백 개에 이른다. 그만큼 제대로 보려면 하루를 꼬박 잡아야 한다.

아닌 게 아니라 공원 안에 호텔도 있다. 이곳에 머물며 아침저녁으로 바뀌는 아름다운 물빛과 고즈넉한 숲의 야경을 즐기는 것도 또 다른 운치가 있다. 하지만 크로아티아를 훑는 여행상품의 경우 플리트비체에 온전히 하루를 머무는 상품은 많지 않고, 주로 반나절을 머물거나 몇 시간 구경한 뒤 스플리트로 이동하는 경우가 많다. 이렇게 되면 플리트비체를 제대로 즐기기보다 맛만 보는 셈이다.

바다를 낀 스플리트는 로마 황제 디오클레티아누스가 말년을 보낸 황혼의 도시다. 디오클레티아누스 황제는 기독교를 박해한 인물로 알려져 있으며, 나라를 네 개로 쪼개 다스리는 사분할 통치체제를 도입해 로마가 동서 제국으로 나뉘게 되는 단초를 제공한 인물이다. 그는 스플리트에 잠깐 머문 것이 아니라 황제 자리에서 스스로 물러난 뒤 빼어난 절경을 지닌 이곳에 궁을 짓고 틀어박혔다.

그만큼 이 해안 도시는 고대 로마를 보는 것처럼 로마 제국의 유적으로 가득하다. 원형경기장인 콜로세움은 오히려 로마보다 스플리트의 보존 상태가 더 좋다고 알려져 있다. 독립전쟁을 치르며 여기저기 손상되긴 했지만 로마 황제의 말년의 고독과 해안 도시의 낭만을 두루 느낄 수 있는 휴양지다.

따라서 생각할 수 있는 여행 계획은 두 가지다. 이왕 갔으니 크로아티아의 여기저기를 많이 보고 싶다면 패키지 상품이 편하다. 어디에서 자고, 어디로 가고, 무엇을 먹어야 할지 고민할 필요가 없다.

그게 아니라 제대로 계획을 세워 자그레브와 두브로브니크 등을 집중적으로 보고 싶다면 항공편과 숙박만 예약하고 나머지는 자유롭게 돌아다니는 자유여행을 적극 추천한다. 막상 패키지로 여행 가서 두브로브니크에 머

자그레브에서 자주 볼 수 있는 공원들. 잎이 무성한 나무들이 만들어주는 시원한 그늘 아래 앉아 있으면 마음까지 편안해진다.

ROUTE 2   서울에서 자그레브로

무는 시간이 너무 짧다고 아쉬워하는 사람들을 많이 봤기 때문이다.

자유여행을 추천하는 이유는 딱 한 가지, 직장인들의 현실 때문이다. 여유가 있다면 플리트비체에서 이틀, 스플리트에서 3~4일, 두브로브니크에서 4~5일, 자그레브에서 이틀 머무는 식으로 보내면 좋겠지만, 한국에서 직장을 다니는 월급쟁이라면 이렇게 여유 있는 휴가를 보내기란 쉽지 않다. 보통 일주일 휴가도 눈치 보며 가기 바쁘다.

따라서 귀하게 얻은 금쪽같은 휴가를 하루 이틀 단위로 허둥지둥 짐 싸서 여기저기 옮겨 다니며 겉핥기식 구경으로 보내는 것은 효율적이지 못하다. 그보다는 차라리 머물고 싶은 한 군데를 정해 여유 있고 편안하게 즐길 것을 권한다.

그런 점에서 일주일 여정이라면 두브로브니크에 집중하는 방법이 좋다. 여기저기 이동하느라 제대로 보지 못하는 것보다 아름다운 주홍빛 도시 두브로브니크라도 제대로 즐기고 오는 게 낫기 때문이다.

그런데 생판 모르는 곳을 자유여행으로 돌아다니기에 불안하지 않을까. 무엇을 보고 무엇을 먹어야 할지 막막한 불안감이 든다면 지금부터 이 책을 열심히 읽으면 된다.

여름에
일주일을
투자하자

　시기는 언제가 좋을까. 크로아티아를 여행하기에 가장 좋은 시기는 여름, 즉 7월과 8월이다. 이 시기에 두브로브니크는 본격적인 여름축제에 들어가 밤이면 각종 공연이 성 안 곳곳에서 펼쳐진다. 대신 숙박비 등 각종 물가도 올라가고 사람들도 북적이지만 한창 물오른 미인처럼 두브로브니크가 가장 아름다울 때다.

　덥지 않느냐고? 물론 덥다. 그나마 자그레브는 견딜 만한데, 두브로브니크나 스플리트 등은 한낮의 온도가 30도를 훌쩍 넘어선다. 거기에 구름 한 점 없는 하늘에서 햇살이 내리꽂힌다. 땡볕에 서 있으면 절로 땀이 나며 피부가 발갛게 익는다. 뒤에서 설명하겠지만 그래서 두브로브니크에 묵을 때는 숙소가 중요하다.

　대신 바닷가에 위치한 두브로브니크는 해양성 기후답게 건조하다. 다시 말해 덥다 싶어 냉큼 그늘로 들어가면 언제 그랬나 싶게 시원한 바람이 순식간에 땀을 말려준다. 거기에 도로부터 대부분의 건축물이 돌로 만들어져서 그늘에 서 있으면 에어컨이 필요 없을 만큼 시원하다.

좋지 않은 시기는 10월부터 4월까지다. 이때가 두브로브니크는 겨울이다. 물가는 싸지만 춥고, 강한 남동풍이 불며 구름이 많이 낀다. 단순히 흐리기만 하면 괜찮은데 비가 퍼붓는다. 2012년 4월에 방문했을 때 일기예보가 2주일 내내 '비'였다. 실제로 머문 일주일 동안 하루만 빼고 내내 비가 왔다.

비수기에는 날씨가 변화무쌍하다. 아침에 해가 보이기에 괜찮은 줄 알고 우산 없이 나섰는데 잠시 후 하늘이 금세 흐려지더니 빗방울이 떨어지기 시작했다. 그리고 나서 곧 빗줄기가 굵어졌고, 비를 흠뻑 맞았더니 뼛속 깊이 한기가 스며들었다.

비가 오지 않아도 저녁에는 바람이 제법 불어 초겨울처럼 춥다. 두브로브니크의 로크룸 부두에 위치한 유명 식당인 타베르나 아스날 Taverna Arsenal 에서 저녁을 먹었는데, 실내는 상관없지만 테라스에 나서니 몹시 추웠다. 오죽했으면 식당 측에서 춥지 않도록 호텔 주차요원들이 사용하는 스탠딩 난로 같은 난방기기를 설치해주었을까.

두브로브니크에서는 비가 오면 문을 닫는 상점들도 많다. 유명한 부자 Buža 카페처럼 노천카페나 식당들은 공쳤다고 생각해서 아예 문을 열지 않는 경우가 많다.

그리고 무엇보다 비수기, 특히 비가 오는 날은 두브로브니크의 핵심인 성벽 투어가 위험할 수 있다. 반들반들한 돌에 물기가 묻으면 그대로 얼음이 된다. 여차하면 미끄러질 수 있다.

실제로 비가 내리는 날 성벽에 올라갔다가 미끄러져 고생하는 사람들을 많이 봤다. 다행히 평평한 곳이면 상관없는데 경사가 심한 계단에서 발을 헛디딜 경우 아찔한 사고로 이어질 수 있다.

대신 비수기도 이점이 하나 있기는 하다. 물가가 싸다. 같은 호텔이라도 여름철 성수기 때 일박에 30만~40만 원이 넘는 호텔이 비수기에는 15만~17만 원대로 떨어진다. 그만큼 사람이 없기 때문이다. 두브로브니크의 중심인 올드타운$^{Old Town}$(구시가지)을 관광할 때도 평일에는 사람이 많지 않다. 하지만 금요일에는 비수기에도 사람이 꽤 붐빈다.

따라서 이왕 가는 여행이라면 볼거리가 많은 여름에 가는 것이 좋다. 사람들로 북적거리는 두브로브니크 여름축제의 낭만은 7~8월이 아니면 느낄 수 없기 때문이다.

유럽의 허브공항을 이용하자

안타깝게도 우리나라에서는 크로아티아로 가는 직항이 없다. 아니, 있기는 있는데 한시적이다. 대한항공이 비수기인 4월과 5월에 한시적으로 에어텔 패키지를 만들어 자그레브 직항을 띄우기는 하지만, 비용이 비싸고 크로아티아 내의 여러 도시를 정신없이 옮겨 다니는 패키지 상품이라 돈과 시간적인 여유가 필요하다. 인천에서 직항으로 가면 자그레브까지 10시간 30분가량 걸린다.

그렇다면 항공편은 한 가지, 갈아타는 수밖에 없다. 최종 목적지가 두브로브니크라면 인천에서 로마, 파리, 프랑크푸르트, 프라하, 이스탄불 등 유럽 허브공항에서 크로아티아의 수도 자그레브, 자그레브에서 두브로브니크 등 세 번을 갈아타야 한다.

따라서 비행기를 예약할 때는 우선 유럽의 관문 도시, 즉 허브공항을 거쳐서 들어가는 항공편을 선택해야 한다. 다행히 유럽에서는 크로아티아의 두브로브니크가 워낙 유명하다 보니 대부분의 허브공항에는 자그레브 행 비행기가 있다.

프랑크푸르트처럼 일부 공항에는 아예 두브로브니크로 바로 가는 비행기도 있으니 자그레브를 들를 생각이 없다면 여기서 두브로브니크 행 직항을 타도 된다. 두브로브니크 직항은 항공사에 따라 운항 편수가 다르니 참고해야 한다. 크로아티아항공의 경우 거의 매일 운항하지만, 루프트한자는 주 3회 정도 운항한다.

필자는 프랑크푸르트를 통해 들어가는 방법을 택했다. 프랑크푸르트라면 단연 독일 국적기인 루프트한자항공을 많이 타게 된다. 루프트한자의 경우 국내의 아시아나항공과 스타 얼라이언스로 제휴가 돼 있어서 마일리지도 적립된다.

이때 유의할 점이 한 가지 있다. 허브공항으로 들어가서 크로아티아의 자그레브로 가는 비행기를 갈아탈 때 비어 있는 대기시간을 서너 시간 이상 여유 있게 두는 게 좋다. 요즘 항공기가 늘면서 하늘도 땅 못지않게 붐빈다. 특히 관문 역할을 하는 주요 공항들은 수많은 비행기들이 몰리다 보니 제때 뜨고 내리지 못하는 경우가 다반사다. 따라서 기다리는 게 싫다고 연결 편 티켓을 거의 대기시간 없이 한두 시간 이내로 촉박하게 끊으면 까딱 잘못했다가 갈아타는 비행기를 놓칠 수 있다.

실제로 인천에서 프랑크푸르트를 향해 출발하는 루프트한자항공을 탄 적이 있는데, 인천공항에서 제때 이륙 허가가 떨어지지 않아 한 시간 가까이 늦어진 뒤, 중국 정부에서 베이징 상공이 붐빈다는 이유로 하늘 길을 열어주지 않아 이륙하지 못한 채 활주로에서 또다시 한 시간을 더 기다린 적이 있다.

이때 갈아타는 항공편을 두 시간 이내로 촉박하게 예약한 사람들은 발을 동동 구르며 애를 태웠지만 방법이 없었다. 이 같은 일이 요즘은 비일비재하니 차라리 갈아타는 항공편을 서너 시간 이상 여유 있게 두는 게 오히려 더 나을 수 있다.

숙소는 어떻게 정할까?

이제는 숙소를 예약할 차례다. 숙소는 민박과 유스호스텔, 호텔 등이 있으니 경제 사정에 따라 선택하면 되는데 몇 가지 고려해야 할 점이 있다.

스플리트나 두브로브니크 등에는 기존에 주민들이 살던 곳을 개조해 숙박시설로 바꾼 민박이나 여인숙이 많은데, 무조건 경제적인 것만 고려해 민박을 잡았다가는 경우에 따라 낭패를 볼 수 있다.

두브로브니크처럼 유네스코에서 도시 전체를 세계문화유산으로 지정해 관광자원으로 삼고 있는 도시들은 집을 고치기가 어렵다. 특히 두브로브니크의 성 안에 위치한 집들은 정부에서 개보수를 쉽게 허락하지 않는다. 그렇다 보니 시설이 낙후된 곳이 더러 있다.

물론 최근 개보수해서 시설이 깨끗한 민박집을 만나면 편하게 지낼 수 있다. 시설이 잘 된 집은 와이파이도 이용할 수 있다. 그러나 개중에는 더운물이 나오지 않거나 에어컨이 제대로 작동되지 않는 곳도 있어서 고생했다는 사람들도 있으니 민박을 정할 계획이라면 사전에 현지 홈페이지 등을 통해 잘 알아봐야 한다. 특히 두브로브니크에서는 성 안쪽, 그중에서도 성벽 가까운 곳

> 자그레브에서는 광장에서 가까운 곳에, 두브로브니크에서는 성에서 가까운 곳에 숙소를 정하자.

에 민박을 정하면 엄청나게 많은 계단을 트렁크를 끌고 올라가야 하는 불상사가 생긴다.

또 두브로브니크 성에서 좀 떨어진 곳에 민박을 정할 경우 성이 있는 올드타운까지 교통편을 제공하는지, 공항에 도착했을 때 자동차로 데리러 와주는지, 아침식사는 제공하는지 등을 확인해보는 것이 좋다. 물론 잘 고르면 올드타운으로 관광 나갈 때마다 차로 데려다주는 민박집들도 있으니, 이런 집을 만나면 편하게 관광할 수 있다.

불편하더라도 민박은 호텔 등에 비하면 싸다는 점이 장점이다. 그러니 자금 사정에 여유가 없거나 혼자 배낭여행을 한다면 시설 등이 불편하더라도 두브로브니크 성 안쪽에 믿을 만한 민박을 정하는 것도 한 가지 방법이다. 그만큼 교통비와 시간을 아낄 수 있고 성 안쪽을 언제든 여유롭게 왔다 갔다 하며 구경할 수 있는 장점이 있다.

현지에서 민박집은 어떻게 찾을까. 정부가 인정한 민박집은 입구에 'Sobe(방)'라는 글자와 침대 그림이 푸른 바탕에 흰 색깔로 그려져 있어 쉽게

소베와 아파트 간판들

찾을 수 있다. 성수기에는 버스터미널 등에서 'Sobe'라고 쓰인 종이를 든 채 호객행위를 하는 민박집 안내인들이 많다. 그리고 비수기에는 'Sobe'라고 표시된 집을 찾아가 흥정하면 된다. 민박 가격은 하룻밤에 평균 10~15유로 정도 한다. 세를 주는 아파트는 민박집과 동일한 그림에 'Apartman'이라고 씌어 있다.

민박이든 호텔이든 숙소는 무조건 성에서 최대한 가까워야 한다. 실제로 가보면 거리가 왜 중요한지 절감하게 된다. 특히 무더운 여름에는 성에서 멀리 떨어질수록 오가는 데 불편하고 힘이 든다. 물론 숙박비는 성에서 멀어질수록 저렴하다.

두브로브니크를 한눈에 내려다 볼 수 있는 스르지^{srd} 산 쪽에 위치한 민박들은 성에서 멀고 지대가 높아서 많은 계단을 올라가야 하는 불편함이 있지만 대신 바다와 붉은 성이 손에 잡힐 듯 내려다보이는 전망이 아주 좋다. 두브로브니크 성과 바다까지 한눈에 내려다볼 수 있으니 호텔 못지않은 전망을 제공하는 셈이다. 개중에는 저렴한 가격에 아예 독채를 빌려주거나 한 층 전체를 빌려주는 곳도 있으니 얇은 지갑 대신 튼튼한 다리와 체력을 갖고 있다면 괜찮은 숙소가 될 수 있다.

비싸서 그렇지, 호텔이 편한 것은 두말하면 잔소리다. 성에서 가까운 숙소를 잡아야 하는 원칙은 호텔도 예외일 수 없다. 두브로브니크의 경우 성 남쪽에 고급 호텔들이 몰려 있는 편인데 5~15분쯤 걸어야 한다. 구경 삼아 걸어서 간 적이 있는데, 따가운 햇볕 아래에서 적잖은 땀을 흘렸던 기억이 난다.

별 다섯 개짜리 특급 호텔 중 최고의 위치를 점한 곳은 단연 임페리얼 힐튼 호텔이다. 과거 합스부르크 왕가 시절에 국가의 손님을 맞는 영빈관으로 쓰였던 곳을 호텔로 개조했기 때문에 두브로브니크 성의 정문 격인 필레 게이트가 바로 코앞에 있다. 걸어서 5분도 걸리지 않는 곳에 있어서 한여름 성을 둘러보다가 덥고 지치면 호텔에 와서 샤워를 하고 쉬다가 바로 나갈 수 있어 아주 편리하다.

어떻게 이런 곳에 호텔을 지을 수 있었을까 싶을 정도로 최상의 장소를 차

두브로브니크 성 바로 앞에 있는
임페리얼 힐튼 호텔

가격이 비싼 고급 리조트인 래디슨 블루

ROUTE 2　서울에서 자그레브로

지하고 있다. 임페리얼 힐튼은 특급 호텔답게 시설도 깨끗하고 아침도 먹을 만하다. 또 로비에서 와이파이가 무료로 제공되는 점도 장점이다. 객실에서 인터넷을 사용하려면 돈을 내야 한다.

성에서 떨어진 플로체 지역에 위치한 익셀시어^{Excelsior}, 그랜드 빌라 아르젠티나$^{Grand\ Villa\ Argentina}$, 빌라 두브로브니크$^{Villa\ Dubrovnik}$, 자톤에 위치한 래디슨 블루 리조트$^{Radisson\ Blu\ Resort}$ 등이 두브로브니크 인근의 특급 호텔에 속한다.

하지만 플로체에서 제일 가까운 익셀시어만 해도 성이 있는 올드타운에서 10~15분쯤 걸어야 하기 때문에 더운 여름날에 왔다 갔다 하려면 쉽지 않다. 하물며 버스를 25분 정도 타야 하는 래디슨 블루 리조트는 말할 것도 없다. 래디슨 블루는 시설은 아주 좋지만 접근성으로 따지면 볼거리가 많은 올드타운에서 너무 멀리 떨어져 있어서 높은 점수를 주기 힘들다. 래디슨 블루 같은 곳은 주로 숙소에만 머물며 다른 곳에 갈 생각이 없을 경우에 이용하기에 좋다.

참고로 유스호스텔은 두브로브니크의 신시가지 터미널에서 걸어서 가면 10~15분 거리에 위치해 있다. 시설은 현대식이어서 깨끗한 편이다. 신시가지에 있는 만큼 성이 있는 올드타운까지는 버스를 타고 이동해야 한다.

환전은
유로화와
쿠나로

항공편과 숙소 예약이 다 끝났다면 짐을 꾸리자. 스마트폰은 물론이고 태블릿PC까지 가져가야 해서 충전이 중요하다면, 별 고민하지 않아도 된다. 크로아티아는 국내와 비슷한 230볼트를 사용하기 때문에 노트북 등 전자제품을 가져갈 경우에 별도의 어댑터 없이 그냥 사용해도 된다.

가방 속에 반드시 챙겨야 할 품목은 선글라스와 선블록, 모자 등이다. 두브로브니크나 스플리트의 경우 여름에 방문한다면 눈이 부실 정도로 햇빛이 찬란해 반드시 선글라스를 착용해야 한다. 또 민감한 피부라면 선블록을 충분히 바르지 않거나 모자를 쓰지 않으면 햇살이 워낙 강해 잠시만 돌아다녀도 살이 금방 발갛게 익는다.

아울러 한낮에는 쉽게 섭씨 30도를 넘어서는 만큼 땀이 많이 흐를 경우를 대비해 충분히 속옷을 챙겨 가는 게 좋다. 대신 습하지 않아서 그늘에만 들어서면 금세 땀이 마른다.

중요한 것은 환전이다. 환전은 두 번에 걸쳐 하는 것이 좋다. 국내에서 출발하기 전에 유로화를 충분히 바꾼 다음 크로아티아의 자그레브 공항에 도착해서 유로화를 다시 쿠나로 바꾸는 것이 좋다. 쿠나를 갖고 있어야 현지에서 버스비 등 교통비를 해결하고 먹을 것을 사먹을 수 있다. 2013년에 국민투표를 거쳐 유럽연합^{EU} 회원국으로 합류했으니 유로화를 받는 곳이 늘어나겠지만, 작은 가게 등은 쿠나를 주로 받는다.

TIP

가볼 만한 곳

자그레브, 플리트비체, 스플리트, 두브로브니크

여행 계획 짜기

열흘 이상 머물며 최대한 많이 보고 싶다면: 패키지를 선택하는 게 좋다. 대신 이동이 많으므로 짐을 하루 이틀 단위로 계속 싸고 풀어야 한다.

일주일 휴가를 내서 몇 군데만 보고 싶다면: 자유여행을 선택. 자그레브(1박)-플리트비체(당일 낮 구경 후 스플리트로 이동)-스플리트(1박 후 다음 날 저녁 이동하거나 2박)-두브로브니크(3박 또는 4박)-자그레브

일주일 휴가를 내서 제대로 집중해서 보기를 원한다면: 자그레브(1박)-두브로브니크(4~5박)-자그레브

여행 시기

성수기인 7, 8월 여름축제 기간에 가는 것이 가장 좋다. 비도 오지 않고 날씨가 최고다.

10~4월은 비수기여서 피하는 게 좋다. 비가 많이 오기 때문에 우산을 꼭 가져가야 하며 춥다.

물가

성수기에 두브로브니크 등 관광지는 비싼 편이다.

비수기에는 사람이 적어서 성수기보다 물가가 떨어진다.

항공

성수기에는 직항이 없고 5월에만 대한항공에서 한시적으로 자그레브 직항을 운영한다.

유럽의 허브공항(프랑크푸르트, 프라하, 로마, 이스탄불 등)으로 가서 자그레브 행으로 갈아타기.

일부 허브공항은 두브로브니크 직항도 있다.

환전

한국에서 유로로 환전한 후 크로아티아에서 현지 화폐인 쿠나로 환전한다.

유로를 받지 않는 곳이 많고, 유로를 받는 경우 쿠나보다 비싸게 받는다.

숙소

자그레브에서는 옐라치치 광장에서 최대한 가까운 곳을 선택한다.

두브로브니크에서는 성에서 최대한 가까운 곳을 선택한다.

민박집은 입구에 'Sobe'라는 글자와 침대 그림이 푸른 바탕에 흰 색깔로 그려져 있다.

세를 주는 아파트는 민박집과 동일한 그림에 'Apartman'이라고 씌어 있다.

필수품

성수기: 선글라스, 선블록, 모자, 편한 신발 등

230V 전원을 사용하므로 한국 전자제품(220V)을 그대로 사용할 수 있다.

쿠나는……

크로아티아 화폐단위인 쿠나는 담비라는 동물을 의미한다. 중세 시대에 담비의 털을 뽑아 화폐처럼 거래한 데서 유래했다.

20쿠나 화폐 속의 인물은 자그레브 중심가인 옐라치치 광장의 주인공인 옐라치치 장군이고, 50쿠나 화폐 속의 인물은 크로아티아의 대표적인 문인으로 두브로브니크에 동상이 있는 이반 군둘리치다.

크로아티아의 수도, 자그레브

이른 아침 자그레브의 옐라치치 광장.
광장 오른편에 자그레브라는 도시
이름의 기원이 된 샘이 있다.

ROUTE 3 　크로아티아의 관문 자그레브

준비를 마쳤다면 이제 본격적으로 여행을 떠나보자. 인천국제공항에서 프랑크푸르트까지 걸리는 비행시간은 약 12시간. 여기서 다시 자그레브 행 비행기를 갈아타고 1시간 20분을 날아가야 한다. 3시간 이상 대기시간을 둘 경우 16~17시간은 그냥 잊어버리는 게 속 편하다.

프랑크푸르트에서 자그레브로 갈 때는 보통 크로아티아항공을 많이 이용한다. 크로아티아항공이 자그레브 행은 물론이고 두브로브니크 행 항공편도 가장 많기 때문이다.

자그레브^{Zagreb}는 어떤 곳인가. 자그레브라는 이름은 작은 샘물에서 유래했다. 길을 지나던 장군이 목이 말라 마을 아가씨에게 "물을 떠 달라^{Zagrabi}"는 부탁을 하면서 이런 이름이 붙게 되었다. 실제로 자그레브의 중심인 옐라치치 광장에 가면 전설의 샘물터가 지금도 남아 있다.

자그레브는 크로아티아의 수도. 수도로 꼽힐 만한 우선 요인은 사통팔달하는 교통이다. 자그레브는 17세기 그라데즈^{Gradec}와 카프톨^{Kaptol}이라는 두 개의 언덕 마을이 합쳐져 탄생했다. 두 마을이 각기 들어선 것은 600년경. 그러나 1242년 타타르족의 공격을 받아 두 마을은 처참하게 무너졌는데 이후 다시 재건해 성벽을 높이 쌓아 외침에 대비했다. 덕분에 두 마을은 중요한 전략적 보루가 되었으며 이를 강화하기 위해 17세기에 하나로 합쳤다.

하지만 자그레브는 1880년 11월에 대지진으로 도시가 상당 부분 파괴되며 또다시 시련을 겪었다. 그러나 대지진은 오히려 자그레브에 전화위복의 기회가 되었다. 건축가인 레누치$^{Milan\ Lenuci}$가 여러 개의 공원과 화려한 건축물을 세워 전보다 더 아름다운 도시로 거듭났던 것이다.

자그레브는 동서양을 잇는 발칸 반도의 교통 중심지여서 러시아를 횡단해 런던까지 달리는 오리엔탈 익스프레스가 통과하며 동쪽으로 이스탄불과 베오그라드, 서쪽으로 빈, 북쪽으로 부다페스트와 연결돼 있다. 그만큼 유럽의 여행객들이 많이 찾는다.

그 때문에 아픈 과거도 갖고 있다. 자그레브의 전략적 중요성을 알아본 나치 독일은 제2차 세계대전 때인 1941년 4월, 유고슬라비아 왕국을 침공했다. 이렇다 할 저항을 받지 않은 나치 독일군은 손쉽게 자그레브를 점령하고 나치 독일을 추종하는 안테 파벨리치$^{Ante\ Pavelić}$가 이끄는 꼭두각시 정권인 우스타샤^{Ustasa}를 내세워 크로아티아 공화국을 선포했다. 우스타샤는 나치에 적극 협력하며, 자그레브를 새로운 공화국의 수도로 정했다.

나치 독일에 적극 협조했던 파벨리치는 수용소를 짓고 유대인과 세르비아인 39만 명을 학살했다. 그중에서 야세노바츠^{Jasenovac} 수용소는 크로아티아의 아우슈비츠로 통할 만큼 유대인들 사이에 악명이 높았다. 따라서 크로아티아에 가면 나치 시절 이야기를 되도록 하지 않는 것이 좋다. 그들에게는 트라우마로 남아 있기 때문에 아주 예민하게 반응한다.

그러나 파벨리치의 파시스트 정권은 얼마 못 가서 위기를 맞았다. 제2차 세계대전이 막바지로 치닫던 1944년, 티토가 이끄는 빨치산의 거센 공격을 받았다.

한때 친 나치 정권의 행정 중심지였다는 오명 때문에 자그레브는 제2차 세계대전 종전 후 탄생한 유고슬라비아의 수도 자리를 베오그라드에 내줬다. 그러다가 다시 수도가 돼서 과거의 영광을 되찾은 것은 1991년 크로아티아가 독립하면서였다.

자그레브는 보통 스플리트나 두브로브니크, 자다르, 흐바르 등 크로아티아의 다른 관광지를 찾아가는 경유지 정도로 생각하는 사람들이 많다. 하지만 박물관, 미술관, 예쁜 교회와 웅장한 성당, 합스부르크 왕가 시절의 건축물 등 볼 게 많은 아기자기한 도시다. 특히 크로아티아 사람들이 어떻게 살아가는지 엿볼 수 있는 시장과 카페 골목 등이 있으니 하루 정도 여유를 갖고 둘러볼 만하다.

여름철 평균 기온은 섭씨 27도 정도로 더운 편이다. 자그레브 사람들은 여름철에는 남쪽에 위치한 자룬 호수에서 수영이나 보트를 즐기고, 겨울에는 근처 메드베드니차 산에서 스키를 탄다.

자그레브의 배꼽, 옐라치치 광장

옐라치치 광장의 야경. 옐라치치 장군의 동상 뒤로 크로아티아에서 흔히 볼 수 있는 마트인 'Konzum'과 광장 오른편에 자그레브 은행이 보인다.

공항에 내리니 싸한 밤공기가 온몸을 휘감는다. 긴 비행시간에 굳은 관절이 비명을 지르는 듯 온몸에서 우두둑 소리가 들린다.

그래도 할 건 해야 한다. 바로 환전이다. 우선 자그레브 공항에 도착하면 가장 먼저 유로를 쿠나로 환전하는 게 좋다. 피곤하다고 무조건 숙소로 향하면 나중에 마땅히 환전할 곳을 찾지 못해 후회하게 된다.

자그레브에 묵을 때는 시의 중심가, 즉 옐라치치 광장 Trg Josipa Jelačića 근처에 호텔을 잡는 게 좋다. 필자가 묵은 '두브로브니크 호텔'은 광장 바로 앞에 있어서 주요 볼거리를 모두 걸어 다니면서 볼 수 있어 좋았다. 또 객실에서 와이파이를 무료로 이용할 수 있으며 오전 6시 30분부터 조식을 제공하기 때문에 다음 날 비행기 시간이 빠듯할 때 이용하기 좋았다.

공항에서 자그레브 시로 들어가려면 공항버스를 타면 된다. 버스로 걸리는 시간은 약 20분. 교통비는 일인당 30쿠나로, 우리 돈 6천 원에 해당한다. 결코 싼 편이 아니다.

버스터미널에 도착해서 자그레브의 중심지로 향하려면 터미널 앞에서 길을 건너 '6'이라는 숫자가 적힌 옐라치치 광장 행 푸른색 6번 트램을 타야 한다. 트램은 지상을 달리는 전철로, 기차처럼 두 개의 차량이 연결돼 있다. 자그레브 시내를 달리는 트램은 모양과 색깔이 가지각색이기 때문에 헷갈려서 잘못 타지 않도록 항상 번호와 색깔을 잘 확인해야 한다.

자그레브에서 흔히 볼 수 있는 **트램**

　트램은 우리네 지하철처럼 실내가 깨끗하고, 도로 위에 놓인 철로를 달리다 보니 흔들림이 거의 없고 조용하다. 타고 내릴 때는 버튼을 누르면 문이 열린다.

　트램 가격은 일인당 8쿠나. 정류장 근처 신문가판대 등에서 미리 표를 끊어야 하는데, 한 번 끊으면 90분 동안 몇 번을 되풀이해서 타도 된다.

　사실 따로 표를 받는 사람이 없기 때문에 무임승차를 해도 모른다. 하지만 유럽 대다수 도시들이 그렇듯 무임승차했다가 자칫 잘못해 걸리면 몇 배의 벌금을 물어야 하니 조심하는 게 좋다.

트램을 타고 가다 보면 크로아티아의 국부 격인 토미슬라브 왕의 동상이 서 있는 자그레브 중앙역 광장을 지나게 된다. 이 광장부터 옐라치치 광장까지 이어진 길에 자그레브의 볼거리가 집중돼 있다.

　낮에 가보면 중앙역 주변에는 푸른 잔디밭이 넓게 펼쳐져 있고 높은 나무들이 햇빛을 받아 반짝이며 서 있는 여러 개의 공원이 있는데, 이들을 연결하면 말굽처럼 생겼다고 해서 19세기에 도시 재건과 설계를 맡았던 건축가 레누치의 이름을 따서 '레누치의 푸른 말발굽'이라고 부른다.

　트램을 타고 세 번째 정거장에서 내리면 바로 자그레브의 중심가인 옐라치치 광장이다. 옐라치치 광장을 중심으로 한 지역은 자동차는 다닐 수 없고 오로지 트램만 다닌다.

　광장 주변에 숙소를 잡으라고 하는 이유는 자그레브의 볼거리가 주로 옐라치치 광장 위쪽에 몰려 있기 때문이다. 옐라치치 광장은 자그레브의 중심이자 자그레브 관광의 출발점이다. 그래서 사람들은 이곳을 '자그레브의 배꼽'이라고 칭한다. 많은 사람들이 이곳을 약속장소로 삼을 만큼 자그레브 사람들에게는 생활의 중심지이기도 하다.

옐라치치 광장 한복판에 서 있는 옐라치치 장군의 동상

돌라츠 시장에서
만나는
아침의 활기

광장에 들어서면 가장 먼저 눈에 들어오는 것이 가운데 우뚝 선 장군의 동상이다. 말을 탄 채 칼을 뽑아든 장군이 바로 1848년 오스트리아-헝가리 제국의 침입을 물리친 반 요셉 옐라치치 장군이다. 광장의 이름은 바로 그를 기리기 위한 것이다.

1866년부터 1947년까지 광장에 서 있었던 이 동상은 한때 철거되는 수모를 겪기도 했다. 유고슬라비아 시절 티토 대통령이 지나치게 크로아티아 민족주의를 부각시킨다는 이유로 동상의 철거를 지시해 오랜 세월 창고에서 잠자다가, 1990년 프라뇨 투지만 Franjo Tuđman 대통령이 지금의 자리로 되돌려놓았다.

장군의 동상을 마주보고 오른쪽으로 가다 보면 물이 퐁퐁 솟는 곳이 있다. 땅을 계단식으로 파서 물이 솟아오르게 한 이곳이 바로 자그레브라는 지명의 유래가 된 샘물, 만두세바츠 Manduševac다.

이 광장 지역은 자동차가 다닐 수 없고 오직 트램만 들어올 수 있다. 그렇다 보니 보통 시의 중심가라면 자동차들이 붐벼서 정신없는 데 비해, 자그레브

'자그레브'라는 지명의 유래가 된 만두세바츠 샘

돌라츠 시장으로 향하는 길에 늘어선 노천 꽃집들

는 도로가 북적이지 않아 중앙역 주변부터 옐라치치 광장까지 천천히 걸어다니며 편안하고 여유롭게 구경할 수 있다. 광장 주변 건물들은 대부분 19세기에 지은 것들이다.

옐라치치 광장에서 장군의 동상을 뒤로한 채 조금만 올라가면 돌라츠 시장 Dolac Market이 나온다. 오전에 자그레브 관광을 시작한다면 돌라츠 시장부터 들러보자. 신선한 아침 시장의 활기와 더불어 크로아티아 사람들의 삶의 단면을 들여다볼 수 있고, 자그레브 대성당으로도 불리는 성 스테판 성당 등 주변 명물들을 두루 살펴볼 수 있기 때문이다.

돌라츠 시장은 여러 가지 의미가 있다. 자그레브는 그라데츠와 카프톨 두 언덕을 중심으로 각각 살아가던 두 개의 마을이 하나로 합쳐져 형성되었는데, 경쟁을 벌이던 두 마을이 서로 만나 물물교환을 하던 장소가 바로 돌라츠 시장이었다.

지금과 같은 재래시장의 면모는 1930년대에 갖춰졌다. 옐라치치 광장 뒤쪽으로, 길거리 꽃집들에서 풍겨 나오는 향긋한 꽃 냄새를 맡으며 골목을 지나면 과일, 채소 등을 파는 노천시장이 넓게 펼쳐진다.

붉은색 파라솔을 꽃처럼 펼쳐놓고 나무테이블 위에 올려놓은 상자에 농산물을 담아 파는 상인들을 보는 재미가 쏠쏠하다. 어찌나 과일들이 신선하고 색이 진한지 절로 손이 간다. 전체적으로 두브로브니크보다 물가가 싸기

이른 아침 돌라츠 시장 풍경.
시장 너머로 성 스테판 성당의 탑이 솟아 있다.

돌라츠 시장의 싱싱한 채소와
과일. 어찌나 빛깔이 예쁜지 손이
가지 않을 수 없다. 특히 돌라츠
시장에서 파는 크로아티아 산
무화과는 값이 싸고 맛있다.

때문에 필요한 것들은 이곳에서 사는 게 좋다. 특히 과일 값이 싸다.

　돌라츠 시장에서 지하철 입구처럼 생긴 곳을 찾으면 지하로 내려가는 계단이 나온다. 서늘한 지하에서는 빵과 치즈, 고기 등 육류와 가공식품들을 주로 판다. 여름이면 덥다 보니 빨리 상할 만한 음식들은 주로 햇볕을 피해 지하에서 판매한다. 지하나 지상이나 오전에는 장터 특유의 활기로 시끄럽고 붐비지만 오후가 되면 한산하다.

　두 개의 첨탑이 높이 솟은 성 스테판 대성당을 멀리 바라보며 시장을 가로지르면 양편에 줄지어 늘어선 관광객들을 위한 기념품점과 노천 옷가게들을 만날 수 있다. 기념품은 주로 냉장고 붙임용 자석, 민속공예품, 신발 등이 많은데 두브로브니크나 다른 관광지에 비해 가격이 싼 편이다.

돌라츠 시장 한편에 늘어서 있는 기념품점들.
크로아티아 국가 문양이 들어간 패션 용품과 냉장고
붙임용 자석 등을 팔고 있다.

백 미터가 넘는
두 개의 첨탑,
성 스테판 성당

돌라츠 시장을 통과해 오른쪽으로 꺾어지면 카프톨 광장Kaptol Square이 나온다. 이곳에 높다랗게 치솟은 두 개의 첨탑이 인상적인 성 스테판 성당, 일명 자그레브 대성당Cathedral of the Assumption of the Blessed Virgin Mary이 서 있다. 성모승천 대성당이라고도 불리는 이곳은 공교롭게도 오스트리아의 빈에 있는 대성당과 이름이 똑같다.

성 스테판 성당 입구

자그레브 대성당의 두 탑은 백 미터가 넘을 정도로 높아서 돌라츠 시장에서도 보인다. 북쪽 탑은 높이가 무려 105미터, 남쪽 탑은 그보다 1미터 낮은 104미터다. 그러니 정확한 방향을 모르겠다면, 무조건 탑을 바라보고 찾아가면 된다. 돌라츠 시장에서 채 5분도 걸리지 않는 위치에 있다.

가까이 갈수록 뾰죽뾰죽한 모양의 탑이 위압적으로 보인다. 두 개의 탑을 제외한 성당 자체의 높이도 77미터에 이른다. 원래 성 스테판 성당은 1093년 헝가리 왕인 라디슬라스 1세Ladislas I가 건설을 시작해 1102년에 완공되었고, 1217년 성모 마리아에게 헌정되었다. 그래서 성당 앞에는 높다란 원주 위에 황금빛 성모상이 서 있다.

성 스테판 성당 앞에 서 있는 황금빛 성모상

외부는 로마네스크 양식으로 건축되었으나 1242년 타타르족이 침공했을 때 심하게 망가져, 1264년부터 20년에 걸쳐 고딕 양식으로 복구했다. 이후에

도 17세기에 발생한 두 번의 대화재로 상당한 손실을 입은 데 이어 1880년 대지진 때 크게 부서졌다. 이후 개보수를 거쳐 지금의 네오고딕 양식을 갖추게 되었다.

성당 입구는 양옆 위쪽으로 여섯 명의 수호성인 석상이 지키고 있다. 묵직해 보이는 성당 문을 지나 들어서면 높이 치솟은 궁륭 아래 최대 5천 명이 동시에 예배를 볼 수 있을 만큼 넓은 실내가 펼쳐진다.

아득한 높이에도 불구하고 스테인드글라스 창을 통해 쏟아져 들어오는 햇빛이 거대한 성당 안을 온화하게 밝혀줘 장엄하면서도 편안한 분위기를 느끼게 해준다. 크로아티아 가톨릭의 구심점 역할을 하는 이 성당은 보물급 유물이 열 개 이상 있어서 크로아티아의 보물로 통한다. 또 오스만튀르크와 맞서다 죽은 전사들의 무덤도 이곳에 있다.

성당 내부에는 13세기의 프레스코화와 크로아티아에서 유명한 근대 조각가 이반 메슈트로비치^{Ivan Meštrović}의 조각들이 있다. 특히 놓치지 말아야 할 것이 제단에 넓게 펼쳐진 알브레히트 뒤러의 세 폭짜리 제단화다. 1471~1528년에 활약한 뒤러는 독일 미술의 아버지로 손꼽히는 인물로, 면밀한 관찰을 통해 세밀하게 그린 그림 때문에 '북유럽의 레오나르도'라는 별칭을 갖고 있다. 제단 쪽에는 이반 메슈트로비치가 알로이지에 스테피나치^{Alojzije Stepinac} 추기경을 기리기 위해 만든 유리로 감싼 관과 무덤이 있다.

성 스테판 성당 내부에 안치된 알로이지에 스테피나치 추기경을 기리는 유리로 감싼 관

기적의
스톤
게이트

　성당을 나와 다시 황금빛 성모상을 바라본 상태에서 오른쪽 위로 10미터 쯤 올라가 길을 건너면 작은 공원으로 이어지는 길이 나온다. 이 길을 통해 공원을 통과하면 돌라츠 시장으로 연결되는 카페 골목인 트칼치체바^{Tkalčićeva} 거리가 모습을 드러낸다.

　너무나도 편안해 보이는 카페들이 늘어선 이곳은 여름이면 길가에 테이블과 파라솔을 내놓고 음료를 판매한다. 다리가 아프면 이곳에서 느긋하게 차 한 잔 하고 가는 것도 좋다. 자그레브 사람들은 이곳에서 카바^{Kava}라고 부르는 진한 커피를 마시며 오후를 즐긴다. 또는 크로아티아 산 맥주인 카를로바추코^{Karlovačko}를 마시며 여름 한낮의 더위를 잊기도 한다.

　트칼치체바에서 옆으로 빠지면 그라데츠 마을의 명물인 스톤 게이트$^{Stone\ Gate,\ Kamenita\ vrata}$를 만날 수 있다. 스톤 게이트를 찾아 헤매는 사람들도 있는데, 가는 길에 창을 꼬나든 채 말 탄 기사인 성 조지 동상을 만나면 제대로 찾아간 것이다. 동상이 보이지 않는다면 걱정하지 말고 무조건 지붕이 동화책처

트칼치체바 카페 거리

성 조지 동상

스톤 게이트 입구. 오른편 벽에 도라의 상이 보인다.

스톤 게이트 안에 있는 기적의 성모 마리아

ROUTE 3 　 크로아티아의 관문 자그레브

럼 알록달록한 체크무늬 건물을 찾아가도 된다. 체크무늬 건물인 성 마가 교회 바로 옆에 스톤 게이트가 있기 때문이다.

13세기에 건설된 스톤 게이트는 작은 동굴을 연상케 한다. 안쪽에는 성모 마리아를 기리는 작은 예배당이 있는데, 여기에 기적의 성모 마리아 그림이 걸려 있다. 이 그림은 화마가 모든 것을 집어삼킨 1731년 대화재 때 유독 전혀 불에 타지 않았다. 이후 기적의 힘을 지닌 그림으로 알려지면서 많은 사람들이 이곳을 찾아 지금도 꽃과 촛불을 바친다. 문은 1760년에 다시 만들었고, 그림 속 금관은 1931년에 새로 그려 넣었다.

문 주위에는 온통 감사의 말을 적은 돌판들이 잔뜩 붙어 있다. 이 문을 재건하기 위해 기증한 국민들을 기리기 위한 돌판들이다. 1991년 독립을 위한 내전 당시 국민들이 이곳에 모여 전장에 나간 식구들이 살아 돌아오기를 간절히 기도했던 곳이기도 하다.

문 오른편 벽에는 도라의 상 Statue of Dora 으로 불리는 작은 여인상이 서 있다. 도라는 빼어난 미모의 여인으로, 쫓아다니던 남자에게 살해당한 비극적 설화의 주인공이다.

알록달록
장난감 같은 지붕,
성 마가 교회

자그레브의 명물인 성 마가 교회

ROUTE 3   크로아티아의 관문 자그레브

스톤 게이트를 나와 조금만 올라가면 마치 장난감 집처럼 예쁜 자그레브의 명물인 성 마가 교회St Mark's Church를 볼 수 있다. 교회 이름의 주인공은 성 마르코라고도 하지만 우리에게는 성경에 나오는 「마가복음」의 마가라는 이름이 더 익숙하다. 이 교회는 마치 십자수를 수놓은 듯한 울긋불긋한 문양의 지붕이 특징이다.

1256년에 건설된, 자그레브에서 가장 오래된 교회로, 알록달록한 지붕은 붉은색, 흰색, 푸른색 타일을 이용해 1880년에 얹었다. 지붕의 오른쪽 붉은색 방패 안에 성을 새긴 무늬는 자그레브 시 문장이며 왼쪽은 크로아티아 국가 문장이다.

이반 파를러Ivan Parler가 디자인한 고딕식 출입구와 이반 메슈트로비치가 만든 조각들이 교회 내부를 장식하고 있다. 또 크로아티아의 가장 유명한 근대 화가인 요조 클리야코비치Jozo Kljaković(1889~1969년)의 프레스코화도 있다.

이반 파를러가 디자인한 오리지널 고딕 양식의 남쪽 문   이반 메슈트로비치가 제작한 예수 상

요조 클리야코비치가 그린 프레스코화

수수한 크로아티아의 대통령 궁.
성 마가 교회 바로 옆에 있다.

특이한 것은 교회 지붕 문양을 정면으로 마주보고 섰을 때 왼쪽에 있는 2층 높이의 주황색 지붕 건물이다. 바로 반스키 드보리$^{Banski\,Dvori}$ 대통령궁이다. 우리로 치면 청와대인 셈이다. 그런데도 앞쪽과 뒤쪽에 한 명씩 달랑 두 명의 경비만 서 있다. 가까이 다가가서 물어봐도 제지하지 않고 대답을 친절하게 해줘 신기했다.

반스키 드보리 대통령궁은 한때 크로아티아 총독이 거주한 곳이어서 '총독의 궁전'으로 불리기도 한다. 지금은 대통령 집무실과 법정, 정부기관 사무실 등이 들어서 있다. 크로아티아 독립전쟁이 벌어진 1991년 9월 프라뇨 투지만 당시 대통령을 암살하기 위해 이곳을 겨냥한 연방군의 폭탄 공격이 있었으나 실패했다. 4~9월에는 토, 일요일 정오에 경비병 교대식이 벌어진다.

대통령궁에서 옐라치치 광장을 향해 걸어 내려가다 보면, 오른쪽에 보이는 바로크식 건물인 크로아티아 역사박물관 Croatian History Museum, 크로아티아 나이브 아트 박물관 Croatian Museum of Naive Art 등을 거쳐 예수회 교회인 성 캐서린 교회 St Catherine Church를 만날 수 있다. 박물관들은 역사에 관심이 있으면 모르지만 그렇지 않다면 굳이 10쿠나 정도의 입장료를 내고 들어가 볼 필요는 없다.

예수회 광장에 있는 성 캐서린 교회는 1632년에 완공된 성당으로 자그레브에서 가장 아름다운 바로크 건축물로 꼽힌다. 성당 정면과 내부는 화재와 지진으로 파괴돼 다시 만들었는데, 총 6개 제단 가운데 5개는 17세기 후반 바로크 양식의 나무로 제작되었고, 나머지 하나는 프라뇨 로바 Franjo Robba라는 조각가가 1729년 대리석으로 만들었다.

성 캐서린 교회

로트르슈차크
탑의
대포 소리

　　교회에서 나와 광장 쪽으로 조금만 걸어 내려가면 로트르슈차크 탑 Lotrščak Tower을 볼 수 있다. 13세기 중반 남문에 건축된 이 탑은 서로 다른 모양의 돌과 벽돌을 섞어서 지었다. 탑에는 문을 닫기 전에 울리던 종이 있었는데, 없어져서 '도둑의 종'이라는 뜻의 로트르슈차크로 불리게 되었다.

　　맨 위에 대포를 설치해 과거 강을 건너 쳐들어오던 오스만튀르크군을 대포 한 방으로 물리친 사건을 기념해 매일 정오에 대포를 쏜다. 탑 꼭대기의 전망대에 오르면 시 전경을 360도로 내려다볼 수 있다. 입장료는 10쿠나 정도이며 매일 오전 10시부터 저녁 8시까지 문을 연다.

　　로트르슈차크 탑에서 토미체바 Tomićeva 거리 쪽으로 약간 내려가면 고지대 구시가지 Upper Town와 신시가지 Lower Town를 연결하는 유명한 케이블카 Funicular Railway가 있다. 파란색 케이블카는 자그레브의 또 다른 명물이다. 허공에 매달린 케이블카가 아니라 홍콩의 빅토리아 산을 오르는 트램처럼 바닥에 매설된 케이블이 차량을 당기는 구조다. 요금은 4쿠나. 내려가거나 올라가면서 짧게나마 자그레브 전경을 한눈에 내려다볼 수 있어 타볼 만하다.

로트르슈차크 탑

자그레브의 유명한 케이블카를 타는 곳은 스트로스 마르트르 Stross Martre 공원 바로 옆에 있다.

레누치의 푸른 말발굽, 남쪽 광장들

레누치의 푸른 말발굽을 이루는 남쪽 광장

옐라치치 광장 앞 대로를 건너 도시 남쪽으로 내려가면 레누치가 설계했다는 여러 개의 공원과 아름다운 건축물들로 구성된 '레누치의 푸른 말발굽'을 만날 수 있다. 남쪽에는 마르살라 티타 광장, 로세벨토브 광장, 마주라니체브 광장, 마룰리체브 광장, 보타니칼 가든, 중앙역 앞 토미슬라브 광장, 스트로스마예로브 광장, 슈비차 즈린스코그 광장 등이 U자형을 이루며 편안한 녹지대를 형성하고 있어서 이를 푸른 말발굽이라고 부른다.

시간이 충분하다면 천천히 걸으면서 쉬엄쉬엄 광장과 주변 건축물을 둘러보면 좋다. 시간이 여의치 않다면 몇 군데 중요한 건물들을 살펴보면 된다.

볼 만한 곳이 마르살라 티타 광장에 서 있는 크로아티아 국립극장 Croatian National Theater이다. 1859년에 설립된 이곳은 오스트리아 빈의 여러 극장을 설계한 건축가 페르디난드 펠네르 Ferdinand Fellner와 헤르만 헬메르 Hermann Helmer가 건축한 곳으로, 빈의 건물들처럼 네오바로크 양식의 웅장한 외관이 특징이다.

주로 발레와 오페라, 연극 공연 등이 이뤄지는데 리스트, 리하르트 슈트라우스, 로렌스 올리비에, 마리오 델 모나코 등 유명 클래식 작곡가 및 연주자, 성악가, 연극배우들이 이 무대에 섰다. 건물 앞에는 이반 메슈트로비치의 조각인 〈삶의 원천 The Source of Life〉이 서 있다. 옐라치치 광장에서 걸어서 15~20분이면 충분히 갈 수 있다.

그림을 좋아한다면 추천할 만한 곳이 바로 근대미술관 Gallery of Modern Art이다. 스트로스마예로브 광장 맞은편에 위치한 이곳은 19세기부터 20세기의 크

자그레브의 크로아티아 국립극장. 크로아티아는 전국에 5개의 국립극장이 있는데, 그중 가장 웅장하고 역사가 깊은 곳이 자그레브에 있는 이 국립극장이다.

이반 메슈트로비치, 〈삶의 원천〉

근대미술관

로아티아를 대표하는 거장들의 작품이 즐비하다. 특히 근대 회화의 거장 블라호 부코바치$^{\text{Vlaho Bukovac}}$, 근대 조각의 선구자 미하노비치$^{\text{Robert Frangeš Mihanović}}$, 스물세 살에 요절한 천재 화가 요시프 라치치$^{\text{Josip Račić}}$ 등 대가들의 작품은 감탄이 절로 나올 만큼 훌륭하다.

입장료가 40쿠나로 좀 비싼 편이지만 값어치를 충분히 할 만큼 많은 작품들이 걸려 있다. 평일은 오전 10시부터 오후 6시까지 개장하고, 주말에는 오후 1시까지만 운영한다. 역시 옐라치치 광장에서 중앙역 쪽으로 걸어서 10~15분이면 갈 수 있다.

자그레브 여행은 보통 하루 정도 잡으면 된다. 따로 하루 일정을 뺄 수 있다면 그래도 좋고, 두브로브니크로 오고 가는 길에 반나절씩 합해서 하루 일정을 잡는 것도 나쁘지 않다.

일정이 넉넉해 온전히 하루를 묵으며 볼 수 있다면 여유 있게 즐길 수 있겠지만, 빠듯한 일주일의 휴가를 받아 왔다면 따로 자그레브를 위해 하루 이틀을 뺄 게 아니라 두브로브니크를 오고 갈 때 반나절씩 구경하는 것도 알뜰하게 구경할 수 있는 방법이다. 후자처럼 오고 가는 길에 반나절씩 할애할 생각이라면 좀 더 시간이 많이 날 때 옐라치치 광장 위쪽의 주요 볼거리들을 둘러보는 방법을 권하고 싶다.

그리고 나서 시간이 많지 않을 때 남쪽 광장 중심의 '레누치의 푸른 말발굽'을 둘러본다면 자그레브 관광을 알차게 마칠 수 있다. 광장을 둘러보고도 시간이 남는다면 근대미술관 등에 들러서 그림을 찬찬히 감상하는 것도 좋다. 시간 여유가 없을 때 남쪽 광장 투어를 추천하는 이유는 아무래도 광장 쪽이 공항에 조금이라도 더 가깝기 때문이다.

TIP 자그레브

여행 코스

옐라치치 광장 → 돌라츠 시장 → 성 스테판 성당 → 스톤 게이트 → 성 마가 교회 → 로트르슈차크 탑 → 남쪽 광장들(레누치의 푸른 말발굽)

숙소

호텔

두브로브니크 호텔 Hotel Dubrovnik

광장 바로 앞에 위치해 입지 조건이 최고인 호텔. 당연히 이동이 편리하다. 비즈니스맨들이 주로 이용. 조식 제공. 와이파이 지원.

요금 싱글룸 980쿠나 / 더블룸 1,200쿠나
전화 385-1-4863-555
주소 Ljudevita Gaja 1
www.hotel-dubrovnik.hr

리젠트 에스플라나드 자그레브 Regent Esplanade Zagreb

오리엔트 특급열차의 부자 승객들을 맞이하기 위해 1925년 문을 연 고풍스런 호텔. 주로 왕족, 유명 예술가, 정치가들이 묵었다.

요금 1,020쿠나
전화 385-1-4566-666
주소 Mihanovićeva 1
http://www.esplanade.hr

아르코텔 알레그라 Arcotel Allegra

중앙역에서 동쪽으로 5분 거리에 위치. 각종 편의시설이 모여 있고 맨 위층 올란도 피트니스 & 스파에서 내려다보이는 시내 전경이 유명하다.

요금 싱글룸 730쿠나 / 더블룸 840쿠나
전화 385-1-4696-000
주소 Branimirova 29
www.arcotelhotels.com

셰라톤 자그레브 Sheraton Zagreb

스트로스마예로브 광장 부근에 위치. 옐라치치 광장에서 가까운 편. 객실에서 무료 와이파이 지원.

요금 910쿠나
전화 385-1-4553-535
주소 Kneza Borne 2
www.hotel-sheratonzagreb.com

교통

공항에서 시내
공항버스. 시내의 터미널까지 20분 소요. 요금은 일인당 30쿠나

버스터미널에서 옐라치치 광장
터미널 건너편에서 푸른색 6번 트램 탑승. 신문가판대에서 탑승권 판매. 탑승하면 개찰기에 표를 집어넣어 승차 시간이 찍히도록 해야 한다. 요금은 일인당 8쿠나

호스텔

호보 베어 호스텔 Hobo Bear Hostel
주방을 갖추고 있어서 취사 가능. 중앙역에서 1, 6, 11번 트램을 타고 세 정거장. 올드타운에서 걸어서 15분 거리. 와이파이 지원. 외부 공용 욕실 및 화장실 구비.

요금 8인 도미토리 120쿠나
전화 385-1-4846-636
주소 Medulićeva 4
www.hobobearhostel.com

옴라딘스키 호스텔 Omladinski Hostel

중앙역에서 3백 미터 거리에 위치한 공식 유스호스텔. 중심가에서는 비교적 싼 편. tvN의 〈더 로맨틱〉에 나온 숙소.

요금 6인 도미토리 100쿠나
전화 385-1-4841-26
주소 Petrinjska 77
www.hfhs.hr

부즈백패커스 Buzzbackpackers

옐라치치 광장에서 떨어져 있지만 무료 인터넷과 바비큐 공간을 갖춘 것이 장점. 중앙역에서 4번 트램을 타고 마티체바에서 내려 조금만 걸으면 된다.

요금 도미토리 130쿠나
전화 385-1-2320-267
주소 Babukićeva 1b
www.buzzbackpackers.com/zagreb

스완키 민트 호스텔 Swanky Mint Hostel

〈꽃보다 누나〉에서 출연진이 묵은 곳으로, 옐라치치 광장 앞 일리차 거리를 따라 서쪽으로 7백 미터 거리에 위치. 19세기 직물 염색 공장을 친환경적인 숙소로 변모시킨 곳. 무료 와이파이 지원.

전화 385-1-4004-248
주소 Ilica 50
www.swanky-hostel.com/mint

볼거리

옐라치치 광장 Trg Josipa Jelačića
자그레브의 중심지. 자그레브라는 지명의 유래가 된 샘물 만두세바츠와 옐라치치 장군의 동상이 있다.

돌라츠 시장 Dolac Market
주로 오전에 옐라치치 광장 위쪽에 열리는 장. 노천에서 꽃, 과일, 채소 등을 팔고 지하로 내려가면 육류, 치즈, 가공식품 등을 판매한다. 과일값이 싼 편. 시장 뒤쪽에는 기념품점들이 있다.

성 스테판 성당(=자그레브 대성당, 성모승천 성당) Cathedral of the Assumption of the Blessed Virgin Mary
돌라츠 시장에서 1백 미터가 넘는 두 개의 첨탑이 보인다. 성모 마리아에게 헌정돼 성당 앞에 황금빛 성모상이 있다. 성당 내부에 크로아티아의 대표적인 조각가 이반 메슈트로비치가 만든, 알로이지에 스테피나치 추기경을 기리는 유리로 감싼 관을 안치해두고 있다.

성 마가 교회(=성 마르코 교회) St Mark's Church
자그레브와 크로아티아의 상징. 알록달록한 타일로 자그레브 시와 크로아티아 국가의 문장을 지붕에 새겼다. 바로 옆에는 2층 높이의 주황색 지붕 건물인 반스키 드보리 대통령궁이 있다.

스톤 게이트 Stone Gate, Kamenita vrata
1731년 대화재 때 걸려 있는 성모 마리아 그림이 전혀 타지 않아 기적의 문으로 불리며 사람들이 꽃과 촛불을 바친다.

로트르슈차크 탑 Lotrščak Tower
남문을 닫기 전에 울리던 종이 있었는데, 없어져서 '도둑의 종'이라는 뜻의 로트르슈차크로 불린다. 오스만튀르크군을 대포 한 방으로 물리친 사건을 기념해 매일 정오에 대포를 쏜다. 전망대에 오르면 시 전경을 볼 수 있다.

입장료 10쿠나
개장 오전 10시~저녁 8시

크로아티아 국립극장 Croatian National Theater
마르샬라 티타 광장에 위치. 건물 앞에 이반 메슈트로비치의 조각 〈삶의 원천 The Source of Life〉이 있다. 오스트리아 빈의 건물들처럼 네오바로크 양식의 웅장한 외관이 특징이다.

근대미술관 Gallery of Modern Art
스트로스마예로브 광장 맞은편에 위치. 블라호 부코바치, 미하노비치, 라치키 등 19~20세기 크로아티아 화가들의 작품을 전시하고 있다.

입장료 40쿠나
개장 오전 10시~오후 6시

맛집

보반 Boban

이탈리안 레스토랑. 옐라치치 광장 건너편 두브로브니크 호텔 옆으로 들어가면 뒤쪽에 위치한 노란색 건물. 크로아티아의 유명한 국가대표 축구선수인 즈보니미르 보반이 운영하는 곳이다. 점심, 저녁을 먹기에 좋은 대중식당으로 파스타, 리소토 등이 유명하다.

가격 메인 요리의 경우 70쿠나
주소 Gajeva 9

암포라 Amfora

돌라츠 시장 근처에 위치한 해산물 식당. 바로 붙어 있는 돌라츠 시장에서 신선한 해산물을 조달해 요리한다. 2층에 올라가면 시장을 한눈에 내려다볼 수 있다.

가격 점심때 메인 요리가 40쿠나
주소 Dolac 2

이비차 이 마리차 Ivica I Marica

노천카페들이 즐비한 트칼치체바 거리 근처에 위치. 주로 파스타, 리소토 등 이탈리아 음식 전문. 하얀 차양에 푸른색 흘림 글씨로 식당 이름이 씌어 있다.

가격 메인 요리가 70쿠나
주소 Tkalčićeva 70

망기아레 Mangiare

트칼치체바 거리를 걸어 올라가면 만날 수 있는 피자집.

가격 마르가리타 피자 한 판에 30~40쿠나

크라시 Choco Bar Kras

옐라치치 광장 앞 일리차 거리를 따라 서쪽으로 올라가면 나오는 초콜릿 바. 크로아티아의 유명 초콜릿 브랜드 크라시에서 운영하는 카페.

주소 Ilica 15

크로아티아에는 스타벅스가 없다. 대신 토종 브랜드인 스피차 Spica 가 스타벅스 역할을 한다.

쇼핑

크로아타 Croata
일리차 거리에 위치한 넥타이 전문점. 넥타이를 처음 퍼뜨린 크로아티아의 명물을 만날 수 있다. 실크 넥타이의 경우 249쿠나에서 2,000쿠나까지 가격대가 다양하다.

개장 평일 오전 8시~저녁 8시, 토요일 오전 8시~오후 3시
주소 Illca 5
www.croata.hr

프로스토 Prostor
작은 갤러리와 옷가게를 겸하는 곳. 젊은 디자이너들과 독립 미술가들이 만든 옷과 장신구들을 판매한다. 옐라치치 광장 앞 도로인 일리차 거리w를 따라 서쪽으로 5~6백 미터 가량 가면 오른편 메스니츠카 거리에 위치한다.

개장 평일 낮 12시~저녁 8시, 토요일 오전 10시~오후 3시
주소 Mesnička 5
www.multiracionalnakompanija.com

나마 Nama
옐라치치 광장 옆에 위치한 백화점.

주소 Illca 4

플리트비체와 스플리트 둘러보기

이 내용은 자그레브를 둘러보고 바로 두브로브니크로 떠나는 여행자들은 굳이 읽지 않아도 된다. 이왕 크로아티아에 온 김에 볼 만한 곳들을 모두 둘러보겠다고 결심한 사람들과 패키지 여행객들을 위해 준비한 일종의 사이드 메뉴 같은 것이다.

여기서는 자그레브에서 두브로브니크로 가기 전에 둘러볼 만한 대표적인 두 곳을 소개한다. 바로 플리트비체와 스플리트다. 플리트비체는 판타지 소설 『반지의 제왕』에 나오는 요정들의 나라가 이렇지 않을까 싶을 만큼 아름다운 숲이다. 스플리트는 로마 황제 디오클레티아누스가 은퇴해 말년을 보낸 곳으로, 제2의 로마로 불리는 유명 휴양지다.

시간 여유가 된다면 플리트비체에서 1박 2일, 스플리트에서 2박 3일 정도 보내고 두브로브니크로 넘어가면 좋다. 일정이 촉박하지만 두 곳을 꼭 둘러보고 싶다면 두브로브니크 일정을 하루 빼서 스플리트에 할애하고, 플리트비체는 반나절 정도 둘러보는 것도 한 가지 방법이다. 많은 여행자들이 시간에 쫓길 때 이런 식으로 둘러본다.

요정의 나라, 플리트비체 호수 국립공원 Nacionalni Park
Plitvička Jezera

자그레브에서 플리트비체를 가려면 장거리 버스를 타야 한다. 버스는 하루에 7~8편 있으며, 플리트비체까지 보통 2~3시간 걸린다. 여름 휴가철에는 일찍 버스표가 동날 수 있으니, 사전에 예약하고 가는 게 좋다.

입장권은 보통 1일권이나 2일권으로 파는데, 가격이 여름철에는 110쿠나, 비수기에는 80쿠나 정도 한다. 입장권을 끊으면 공원 안에서 운행하는 셔틀버스와 보트 등도 이용할 수 있다. 참고로, 입구가 두 군데인데 북쪽 입구에는 짐을 맡길 수 있는 보관함이 있다.

플리트비체는 1949년 크로아티아에서 가장 먼저 지정된 국립공원이며, 8개 국립공원 가운데 가장 넓다. 그래서 꼼꼼히 보려면 2~3일 정도 걸리지만 하이라이트 위주로 보면 3~4시간이면 둘러볼 수 있다.

플리트비체 국립공원의 호수

이곳을 흔히 요정이 사는 나라로 비유하는 까닭은 천혜의 자연이 빚어낸 신비하고 아름다운 풍광 때문이다. 거대한 숲속에 크고 작은 16개의 호수가 층을 이루고, 그 사이로 물줄기를 떨어뜨려 92개의 폭포를 만들어낸다. 또 밤이면 수많은 반딧불이가 날아들어 숲속에 별이 쏟아진 듯한 장관을 이룬다. 물론 꿈같은 야경을 보려면 공원 내 호텔 등에서 하룻밤을 묵어야 한다.

공원에 들어서면 우선 청록색 물 빛깔에 놀라게 된다. 마치 에메랄드를 연상케 하는 아름다운 물 빛깔은 호숫가에서 자란 나무들이 물에 잠긴 뿌리가 썩어 물에 쓰러지면 주변에 석회 성분이 달라붙기 때문이라고 한다. 여기에 햇살이 투영되면서 말로 형언할 수 없는 오묘한 빛깔을 만들어낸다.

수량이 워낙 풍부하다 보니 물에 쓰러져 잠기는 나무들이 많은데 공원 측에서는 이를 치우지 않는다. 이 또한 자연의 섭리이니, 자라면 자라는 대로 쓰러지면 쓰러지는 대로 그대로 둔다.

공원을 둘러보는 코스는 상부와 하부로 나뉜다. 상부에서는 벨리코 호수$^{Veliko\ Jezero}$ 쪽에 물이 여러 갈래로 쏟아지는 벨리키 프르슈타바츠$^{Veliki\ Prštavac}$ 폭포가 유명하다. 하부에서는 92개 폭포 가운데 낙폭이 가장 큰 78미터 높이의 벨리키 슬라프$^{Veliki\ Slap}$ 폭포가 볼 만하다.

호수 주변에는 나무를 잘라 붙여 만든 산책로가 있어서 이를 따라가면 된다. 비교적 많이 걷기 때문에 편한 신발을 신는 것이 좋고, 한여름에는 손수건과 음료수를 지참해야 한다. 참고로 국립공원이어서 취사 및 낚시, 수영, 채집 등은 모두 금지되니 유의해야 한다.

1 장관을 이루는 플리트비체의 크고 작은 폭포
2 나무를 잘라 붙여 만든 길
3 플리트비체 호수의 에메랄드 빛 물
4 플리트비체 국립공원을 조성하는 데 공헌한 크로아티아 오페라 가수 밀카 테르니아$^{Milka\ Ternina}$의 이름을 딴 얕은 폭포

TIP 플리트비체

교통

자그레브-플리트비체 | 자그레브의 중앙터미널 2층 매표소에서 버스표 구입. 오전 5시 45분부터 오후 4시까지 운행. 장거리 버스로 2~3시간 소요. 요금은 81~92쿠나

숙소

호텔 플리트비체 Hotel Plitvice

조용한 숲 한가운데 위치한 호텔. 공원 중앙 쪽 2번 출입구에서 가깝다.

요금 싱글룸 533쿠나 / 더블룸 858쿠나
전화 385-53-751-100

호텔 예제로 Hotel Jezero

공원 내에 있는 229개 객실을 갖춘 호텔.

요금 싱글룸 614쿠나 / 더블룸 873쿠나
전화 385-53-751-400

제2의 로마, 스플리트 Split

마잔 언덕에서 내려다본 스플리트 전경

 스플리트는 크로아티아에서 제2의 로마로 통한다. 로마 시대의 유적들이 많이 허물어지기는 했지만 로마 못지않게 많이 남아 있기 때문이다. 그 이유는 284년 로마 제국의 황제가 된 디오클레티아누스가 305년에 은퇴한 후 이곳에 궁전을 짓고 말년을 보낸 덕분이다. 디오클레티아누스는 로마와 비교해 부족함이 없도록 남북으로 215미터, 동서로 181미터, 높이 25미터의 벽이 버티고 선 거대한 사각형 궁전에 원형경기장까지 짓고, 인근에 로마 군단의 주둔지까지 건설했다.

이를 위해 디오클레티아누스는 스플리트 인근 섬에서 석회암을 실어오고, 그리스와 이탈리아에서는 대리석을, 멀리 이집트에서는 스핑크스까지 가져와 호화롭게 궁전을 꾸몄다. 그만큼 오늘날 스플리트는 디오클레티아누스의 궁전을 중심으로 형성되었다고 해도 과언이 아니다. 500쿠나 지폐에 궁전의 모습이 온전하게 나와 있다.

디오클레티아누스 황제는 로마 역사에 큰 이름을 남겼다. 바로 4두 정치체제를 도입하고 기독교를 박해한 장본인이 디오클레티아누스 황제다. 4두 정치체제란 말 그대로, 네 명의 황제가 제국을 사등분해서 다스리는 것을 말한다. 두 명의 황제가 동과 서로 나눠서 제국을 통치하고, 거기에 두 명의 부황제가 황제를 보좌하는 식이다.

사실상 그의 4두 정치체제는 황제의 지나친 권력

독점을 막고 효율적인 통치가 가능하도록 한 장점도 있지만, 결정적으로 로마 제국이 동로마 제국과 서로마 제국으로 찢어지는 단초를 제공했다는 점에서 로마 제국의 분열을 초래했다.

디오클레티아누스가 기독교를 박해한 이유는 기독교도들이 다양한 신들을 거부한 채 유일신만 믿으며 자체 의식을 치르는 등 내부 분열을 일으킨다고 봤기 때문이다. 결국은 제국의 결속을 다지는 차원에서 기독교를 박해했던 것이다. 어찌 되었건 디오클레티아누스는 탄탄한 통치의 기반을 다져놓고도 정치에 염증을 느껴 말년을 크로아티아의 휴양 도시 스플리트에서 보냈다.

스플리트를 가는 방법은 두 가지다. 플리트비체를 보고 남쪽의 스플리트로 내려갈 경우 버스를 타야 한다. 버스로 5시간 정도 걸린다.

자그레브에서 플리트비체를 거치지 않고 스플리트로 직접 간다면 비행기나 장거리 버스를 타면 된다. 비행기로는 약 50분, 버스로는 5~6시간이 소요

된다. 여름 휴가철에는 사람들이 많이 몰리니 버스든 비행기든 교통편을 사전에 예약하는 게 좋다.

스플리트 하면 흔히 사진에서 볼 수 있는 풍경이 해안가의 하얀 성벽과 길게 늘어선 종려나무들이다. 바로 리바 Riva라는 거리 풍경인데, 하얀 성벽이 디오클레티아누스의 성벽이다.

하지만 종려나무 아래 벤치가 놓여 있는 해안 거리는 후대에 만들었다. 원래 성벽은 바다와 붙어 있어 로마에서 보낸 배가 접안할 수 있는 구조였다. 이를 후대에 휴양지로 만들면서 거리로 조성한 것이다. 이곳도 자그레브의 옐라치치 광장처럼 차가 다니지 않아 한가롭게 거닐며 휴식을 취하기에 좋다.

디오클레티아누스의 궁전이 시의 상당 부분을 차지하다 보니 지금도 3천여 명의 사람들이 궁전 내부에 남아 있는 2백여 채의 건물에 상점과 장터를 열고 살아간다. 궁전의 동서남북 문은 각각 로마 시대의 귀한 금속인 은, 철, 동, 금 등으로 불린다.

궁전은 페리스틸 Peristil 광장을 중심으로 펼쳐진다.

1 리바 거리
2 리바 거리 한쪽의 디오클레티아누스 궁전의 성벽
3 나로드니 광장과 시계탑

과거 포럼이었던 이 광장은 궁전을 중심으로 한 모든 길이 교차하며, 남쪽에 위치한 황제의 거처, 서쪽에 자리 잡은 황제의 무덤 등 대부분의 볼거리가 주변에 모여 있다.

특이한 것은 황제의 무덤이 성 돔니우스 대성당 Cathedral of St Domnius에 있다는 점이다. 기독교를 박해한 황제의 무덤이 어떻게 성당에 있을까. 답은 예상과는 반대다. 황제 사후 170년이 지나 기독교인들은 과거 박해자였던 황제의 석관을 없애버린 뒤 디오클레티아누스의 박해로 숨진 돔니우스 주교를 기리기 위한 성당을 세운 것이다.

대성당 옆에 60미터 높이로 솟은 옥타고나 종탑이 스플리트 사진에서 흔히 보이는 가장 높게 삐죽 솟은 건축물이다. 183개의 가파른 계단을 올라 정상에 오르면 스플리트의 전경이 한눈에 들어온다.

궁전 북문 앞에 책을 들고 서 있는 그레고리우스 닌스키 Grgur Ninski 주교 동상도 명물이다. 라틴어에서 벗어나 크로아티아 언어로 예배를 볼 수 있게 청원해 사람들의 눈과 귀를 틔워준 인물로, 크로아티아

의 거장 조각가인 이반 메슈트로비치가 1929년에 세웠다. 재미있는 것은 동상의 왼쪽 엄지발가락을 만지면 행운이 따른다는 속설 때문에 오가는 사람들이 하도 만져서 엄지발가락만 반들반들 광택이 난다는 점이다.

참고로, 스플리트 역시 두브로브니크처럼 7월 중순부터 8월 말까지는 여름축제 기간이다. 이때 방문하면 밤마다 야외무대에서 열리는 각종 음악회와 공연, 축하 행렬 등을 볼 수 있다.

1 성 돔니우스 대성당 앞의 페리스틸 광장
2 그레고리우스 닌스키 주교 동상
3 성 돔니우스 대성당

TIP 스플리트

교통

항공
자그레브–스플리트 크로아티아항공을 타면 50분 소요. 요금은 350~580쿠나. 공항 도착 후 공항버스 타고 시내로 이동. 30분 소요. 요금은 30쿠나

기차
자그레브–스플리트 6시간 소요. 요금은 190~270쿠나

버스
자그레브–스플리트 약 5시간 소요. 요금은 205쿠나
플리트비체–스플리트 5~6시간 소요. 요금은 157쿠나

볼거리

디오클레티아누스 궁 Diocletian's Palace
4두 정치체제를 도입한 로마 황제 디오클레티아누스가 은퇴해 말년을 보낸 곳. 남북 215미터, 동서 181미터 길이의 커다란 궁전이다.

성 돔니우스 대성당 Cathedral of St Domnius
기독교를 박해한 디오클레티아누스 황제의 석관을 없애버린 뒤 황제의 박해로 숨진 돔니우스 주교를 기리는 성당을 세웠다. 높이 60미터의 옥타고나 종탑이 옆에 있다.

그레고리우스 닌스키 주교 동상 Statue of Grgur Ninski
크로아티아의 조각가 이반 메슈트로비치가 1929년에 완성. 동상의 왼쪽 발가락을 만지면 행운이 있다는 속설 때문에 많은 사람들의 손길로 발가락이 닳아서 반질거린다.

숙소

호텔

호텔 베스티불 팰리스 Hotel Vestibul Palace

궁 안에 위치한 부티크 호텔. 7종류의 스타일리시한 방을 구비. 특이하게 궁전 벽을 객실 벽으로 활용. 로비에서 와이파이 이용 가능.

요금 싱글룸 1,200쿠나 / 더블룸 1,950쿠나
전화 385-21-329-329
주소 Iza Vestibula 4
www.vestibulpalace.com

호텔 페리스틸 Hotel Peristil

객실이 12개뿐인 작은 호텔이지만 성 가운데 있어 전망과 위치가 좋다. 일부 객실은 궁전의 동쪽 벽을 활용.

요금 싱글룸 1,000쿠나 / 더블룸 1,200쿠나
전화 385-21-329-070
주소 Poljana kraljice Jelene 5
www.hotelperistil.com

마몽 호텔 Marmont Hotel

21개 객실을 갖춘 부티크 호텔. 객실에서 무료 와이파이 이용 가능.

요금 싱글룸 1,280쿠나 / 더블룸 1,828쿠나
전화 385-21-308-060
주소 Zadarska 13
www.marmonthotel.com

맛집

호스텔

실버 센트럴 호스텔 Silver Centeral Hostel

4개의 도미넌트 룸을 갖추고 있으며 무료 인터넷 이용 가능.

요금 도미토리 150~180쿠나
전화 385-21-490-805
주소 Kralja Tomislava 1
www.silvercentralhostel.com

스플리트 호스텔 Split Hostel

4개의 도미토리 룸에 25개의 침상을 갖추고 있으며 무료 인터넷 이용 가능. 주방은 없다.

요금 도미토리 150~180쿠나
전화 385-21-342-787
주소 Narodni Trg 8
www.splithostel.com

〈꽃보다 누나〉 출연진이 스플리트에서 묵은 아파트는 시계탑 아래 3번지 Ispod Ure 3라고 소개되었다. 같은 번지라도 층마다 소유주가 다를 수 있으니, 각종 숙소 예약 사이트에서 주소를 확인한 후 조건에 맞는 아파트를 선택하면 된다.

코노바 트라토리아 바자몬트 Konoba Trattoria Bajamont

전통 달마티안 레스토랑. 현지인들이 많이 찾는 곳으로 오징어 먹물 리소토, 문어 샐러드 등이 인기. 철의 문을 나가기 직전 오른쪽 길에 있다.

가격 메인 요리의 가격은 60쿠나
주소 Bajamontijeva 3

노스트로모 Nostromo

현지인들이 즐겨 찾는 해산물 레스토랑으로 매일 수산시장에서 구입한 신선한 생선으로 요리한다. 마르몬토바 거리의 수산시장 옆에 있다.

가격 메인 요리의 가격은 80쿠나
전화 385-91-4056-666
주소 Kraj Svete Marije 10

갈리야 Galija

스플리트에서 유명한 피자집. 피자 한 판에 20쿠나. 마르몬토바 거리에서 북쪽으로 올라가다 왼쪽 첫 번째 골목인 톤치체바 거리 안쪽 삼거리에 위치한다.

주소 Tončićeva 12
전화 385-21-347-932

아틀라스
버스를 타면
왼편에 앉아라

자, 이제 메인 게임을 뛰어보자. 크로아티아 관광의 하이라이트는 바로 두브로브니크Dubrovnik다. 짙푸른 아드리아 해와 중세 시대의 붉은 고성이 어우러진 곳, 다시 말해 자연과 사람이 함께 빚은 절묘한 풍광을 자랑하는 이곳은 탄성이 절로 나올 만큼 아름답다. 그래서 시가지 전체가 유네스코 세계문화유산으로 등재된, 유럽에서도 보기 드문 휴양지다. 덕분에 여름이면 가방 하나 달랑 둘러맨 젊은 배낭족부터 대부호들의 호화 요트까지 사람들이 한가득 몰려든다. 풍광은 풍광대로 즐기고, 그렇게 몰려든 사람들과 한껏 들떠 서머타임 축제에 빠져드는 재미가 두브로브니크 관광의 묘미다.

두브로브니크는 길쭉한 크로아티아 땅에서 거의 남단에 위치한다. 북쪽에 있는 자그레브에서 직접 가려면 비행기를 타는 게 가장 좋다. 크로아티아 항공을 타고 가면 50분 정도 걸린다. 만일 장거리 버스를 타고 간다면 11시간 정도를 잡아야 한다.

스플리트에서는 장거리 버스로 5시간 정도 걸린다. 자그레브나 스플리트 모두 국제학생증을 제시하면 버스비를 20퍼센트 깎아주니, 혹시 배낭여행 계획이 있는 대학생이라면 반드시 국제학생증을 지참하도록 하자.

배편을 이용할 경우는 이탈리아 바리Bari 항에서 넘어오는 배를 타게 되면 두브로브니크의 그루즈Gruž 항구로 들어가게 된다. 이곳에서는 여름에 라파드Lapad와 로크룸 섬Lokrum Island, 엘라피티 군도Elaphiti Islands, 플레트 섬Mljet Island을 오가는 배도 탈 수 있다.

비행기에 올라 잠시 날아가다 보면 창밖으로 새파란 아드리아 해가 펼쳐진 장관을 볼 수 있다. 예전에 그리스나 이탈리아의 동쪽 해안, 크로아티아의 스플리트 등을 가보지 않았다면 아드리아 해를 처음 만나는 순간이다.

50분가량 걸려 도착한 두브로브니크의 칠리피 공항Cilipi International Airport은 규모는 작아도 국제공항이다. 두브로브니크가 워낙 유럽에서 유명한 휴양지다 보니 크로아티아 국내선과 유럽 지역을 오가는 국제선이 모두 이착륙한다. 따라서 자그레브를 거치지 않을 경우 프랑크푸르트, 이스탄불 등 유럽의 허브공항에서 바로 두브로브니크로 넘어가는 직항을 탈 수도 있다. 직항 또한 대부분 크로아티아항공이다.

공항은 시 외곽에 있는 만큼 도심으로 가려면 버스를 타야 한다. 공항을 나오자마자 바로 앞에 있는 아틀라스Atlas 버스를 타면 두브로브니크 성 앞까지 갈 수 있다. 요금은 일인당 35쿠나. 버스에 타면 진행 방향을 기준으로 반드시 왼편에 앉아야 한다. 이유는 잠시 뒤에 설명하겠다.

달리는 아틀라스 버스에서 내려다본 두브로브니크.
왼편에 앉아야 이런 풍경을 볼 수 있다.

두브로브니크 시내에서 20킬로미터 가량 떨어진 공항에서 성까지는 버스로 45분쯤 걸린다. 먼 거리는 아니지만 구불구불 굽이치는 좁은 해안선을 따라 이동하기 때문에 버스가 속도를 내지 못한다.

낮에 도착했다면 피곤하더라도 버스에서 절대 졸면 안 된다. 잠시만 참으면 해안 절벽을 따라 펼쳐지는 새파란 바다와 그 끝에서 반기듯 아스라이 모습을 드러내는 진홍색 두브로브니크 성을 볼 수 있다. 이 풍경을 보기 위해 버스 진행 방향의 왼편에 앉아야 한다.

아틀라스 버스와 두브로브니크 버스 티켓

비스듬한 각도로 성을 약간 내려다보는 듯한 이 풍경은 오로지 성으로 향하는 버스에서만 볼 수 있다. 지금도 멀리서 두브로브니크 성을 처음 봤을 때 느낀 감동을 잊지 못한다. 사진으로만 봤던 아리따운 여인네를 처음 대면하는 것처럼 가슴이 두근두근하더니, 성이 점점 커지면서 장난감처럼 들어찬 건물들이 하나하나 보이는 순간, 그림 같은 자태에 숨이 턱 막히고 절로 탄성이 터져 나왔다. 텔레비전 광고나 사진에서 본 것보다 실제 풍경이 훨씬 더 수려했다.

ROUTE 4 　아드리아 해의 진주 두브로브니크

비극에서 시작된 두브로브니크의 역사

존 바이런 경이 "아드리아 해의 진주", 조지 버나드 쇼가 "지상의 천국"이라고 표현했을 만큼 아름답고 낭만적인 도시 두브로브니크의 역사는 비극에서 시작되었다.

7세기에 슬라브족이 로마 제국의 영토인 발칸 반도를 휩쓸자, 두브로브니크 인근의 에피다우루스^{Epidaurus}라고 불린 오늘날의 차브타트 마을 사람들이 슬라브족을 피해 좁은 해협을 건너 달아났다. 그들은 해안가 섬에 라구사라는 이름의 정착지를 만들고 침공에 대비해 성벽을 둘러쳤다. 라구사^{Ragusa}는 라틴어로 바위라는 뜻인데, 주변에 바위가 많아 붙여진 이름이다. 지금도 라구사는 두브로브니크의 이탈리아식 이름으로 통한다. 라구사 마을은 9세기에 사라센의 포위 공격을 15개월 동안 견뎌내면서 탄탄한 요새로 발전했다.

섬의 맞은편 내륙 쪽에는 발칸 반도를 침공한 슬라브인들이 라구사 섬을 노려보며 정착했다. 그들은 근처 숲에 많았던 털가시나무를 꺾어 울타리를 만들었다. 그 바람에 마을은 털가시나무를 뜻하는 두브라바^{Dubrava}로 불렸다.

그렇게 해협을 마주보고 섬과 내륙 쪽에 자리 잡은 두 정착지는 북쪽 마을

자톤^{Zaton}에서 남쪽의 차브타트^{Cavtat}까지 뻗어나갔다. 그러면서 어느덧 쫓는 자와 쫓기는 자의 원한은 세월에 눈 녹듯 사라지고 오히려 서로 협력하게 되었다. 그 결과 12세기에 섬과 내륙을 갈라놓은 좁은 해협을 돌로 메우면서 라구사와 두브라바는 하나로 합쳐져 두브로브니크가 되었다.

이후 두브로브니크는 거센 역사의 흐름을 타고 부침을 반복한다. 바닷가에 면한 지리적 여건과 동서양을 잇는 축 선상에 있다 보니 두브로브니크는 12세기 말부터 지중해와 발칸 지역을 잇는 중요한 무역 중심지가 되었다. 특히 금과 은을 수출해 번영을 누렸다. 하지만 십자군전쟁 뒤인 1205년부터 이탈리아의 강력한 해상국가인 베네치아의 지배를 받는다. 그렇게 달마티아 지방의 도시들은 베네치아의 해군력에 눌려 1358년 자다르^{Zadar} 조약으로 해방돼 풀려날 때까지 숨죽인 세월을 보내야 했다. 그러나 일부 달마티아 마을들은 그 후에도 독립에 실패해 1420년까지 베네치아의 지배를 받았다.

베네치아의 지배는 오히려 두브로브니크에게 약이 되었다. 두브로브니크 사람들은 베네치아의 해상무역 수완을 고스란히 흡수하면서 아드리아 해 해상무역의 중심지로 부상했다. 이후 두브로브니크는 북쪽의 클레크에서 믈레트 섬과 라스토보, 엘라피티 군도와 로크룸 섬을 포함한 밀코토 만^{灣} 입구의 수토리나까지 땅을 사들여 영토를 확장했다. 이렇게 넓힌 영토를 토대로 급기야 국가까지 건설했다. 15세기에 출범한 라구사 공화국은 바로 두브로브니크를 수도로 삼았다.

1808년 이전의 라구사 공화국 영토

　이들은 달마티아 해안가 전체를 아우를 만큼 세력을 확장한 뒤 함대를 만들어 이집트부터 멀리 스페인, 프랑스, 터키 등과 본격적으로 해상무역을 시작했다. 이때 두브로브니크 상선단은 무려 180~200척 규모의 범선이 모인 세계적인 수준이었다. 조선술도 발달해 연안은 물론이고 지중해와 흑해까지 누빌 수 있는 갤리선 등 대형선을 속속 만들었다. 이들을 집어삼켰던 베네치아 입장에서는 되레 호랑이를 키운 꼴이 되었다.

　그렇지만 두브로브니크를 중심으로 한 라구사 공화국 사람들은 무조건 힘으로 밀어붙이지 않았다. 그들은 외침을 겪으면서 세상엔 억센 강자가 많다는 것을 피와 땀의 역사로 이미 체득했던 것이다. 그래서 라구사 공화국이 선택한 방법은 실리 외교이자 등거리 외교였다. 적당히 거리를 두면서 지나치

게 가깝지도 않고 적대하지도 않는 가운데 무역으로 이익을 챙기는 방법이었다. 그 결과 두브로브니크는 누구 하나 거스르지 않고 주변국들과 좋은 관계를 16세기까지 유지했다.

1525년 오스만튀르크족이 발칸 반도까지 침범했을 때도 라구사 공화국은 납작 엎드렸다. 대신 조공을 바치고 튀르크의 보호를 받았다. 그 결과 튀르크 제국의 눈치를 보기는 했지만 자유무역항으로서의 권리를 유지했다. 그렇게 라구사 공화국은 서쪽에 해상강국 베네치아, 동쪽으로는 육지의 강자 오스만튀르크 사이에 끼어 있으면서도 적절한 등거리 외교와 철저한 중립으로 평화를 지켜냈다.

덕분에 두브로브니크는 16세기에 과학을 발달시키고 문학과 예술을 꽃피웠다. 극작가 마린 드르지치 Marin Držić, 시인 이반 군둘리치 Ivan Gundulić 같은 문학가들과 힘의 이론으로 유명한 루더 보스코비치 Ruđer Bošković 같은 과학자들이 이때 등장했다.

성숙한 문화는 성숙한 시민을 낳는다. 두브로브니크를 중심으로 한 라구사 공화국은 높은 시민의식 덕분에 유럽에서 처음으로 노예매매를 폐지했다. 당시 이익이 많이 남는 노예무역은 유럽 열강들의 주된 수입원이었다. 뿐만 아니라 세계 최초로 14세기에 검역원을 만들었고, 유럽에서 가장 오래된 약국을 운영했다. 또 15세기부터 고아원과 양로원을 운영했다.

1667년 지진 이전의 두브로브니크

그러나 절정을 이뤘던 두브로브니크의 르네상스 예술과 건축물은 1667년 대지진으로 모두 파괴되었다. 안타까운 일이 아닐 수 없다. 당시 대지진은 스폰자 궁 Sponza Palace과 통치자 궁 Rector's Palace (현지에서는 렉터스 궁이라고 한다)을 제외한 모든 것을 무너뜨릴 만큼 강력해 무려 5천 명이 죽었다. 이때 많은 사람들이 폐허가 된 도시를 버리고 떠났다.

그래도 도시는 아픔을 딛고 다시 일어섰다. 무너진 건물들을 바로크 양식으로 다시 세우고 함대를 재건했다. 그 때문에 두브로브니크의 유서 깊은 건물들은 여러 시대에 걸쳐 재건되며 고딕, 르네상스, 바로크 등 다양한 양식이 섞여 독특한 볼거리를 제공한다.

두브로브니크는 함대를 재건하고도 여전히 중립국 위치를 버리지 않았다. 스페인의 무적함대, 대영제국 함대 등이 지중해를 누비는 마당에 살아남는 방법은 중립밖에 없었기 때문이다. 그들은 이때 동방으로 눈을 돌려 새로운 무역로를 개척했고, 이국적인 동양의 문물을 유럽에 소개하며 막대한 부를 축적했다. 하지만 두브로브니크의 영광은 여기까지였다. 나폴레옹 군대가 1808년 두브로브니크를 침공하면서 한때 아드리아 해의 무역을 주름잡던 라구사 공화국은 최후를 맞았다.

이후 두브로브니크는 1815년 빈 회의에서 나폴레옹이 세계를 재패할 때 기여한 정도에 따라 땅을 떼어주며 유럽의 국경선을 다시 설정할 때 오스트리아-헝가리 제국에 할당되었다. 이때부터 두브로브니크는 오스트리아-헝가리 제국의 일원으로 남아 제1차 세계대전 후인 1918년 세르비아-슬로베니아-크로아티아 왕국으로 편입될 때까지 서서히 관광산업을 개발했다.

한동안 관광지로 주목받던 두브로브니크가 또다시 재앙을 맞은 것은 1991년 유고슬라비아 내전 때였다. 1991년 10월 크로아티아가 유고슬라비아로부터 독립을 선언하자, 세르비아가 크로아티아에서 소수민족으로 살아가는 세르비아계를 보호한다는 명분으로 내전을 일으킨 것이 원인이었다.

1979년 유네스코에서 세계문화유산으로 지정된 유서 깊은 도시인데도 불구하고 전쟁은 사정을 봐주지 않았다. 두브로브니크는 1992년까지 8개월 동안 포위된 채 2천 발의 포탄을 맞는 참화를 겪었다. 특히 1991년 12월 6일 세르비아군이 퍼부은 대규모 포격은 재앙 그 자체였다. 스르지 산 정상의 통신탑을 비롯해 성 안 곳곳이 포격으로 처참하게 무너져 내렸다.

당시 유럽의 지식인들은 포격 앞에 무너지는 인류문화유산을 구하기 위해 두브로브니크에 인간 띠를 만들자는 계획을 세워 두브로브니크로 달려갔다. 낙하산으로 뛰어내리는 방법, 배를 통해 해안으로 들어가는 방법 등 다양한 방법을 계획했으나 유고 정부군에 막혀 성사되지는 못했다. 대신 두브로브니크 앞바다에 배를 띄우고 포격을 중지할 것을 간곡히 호소했다.

전쟁이 끝난 뒤 유네스코는 세계문화유산인 이 도시를 구하기 위해 복구 작업을 지원했다. 크로아티아에서도 최우선으로 복구 작업을 벌여 지금은 모두 복구되었지만, 성 안을 돌아다니다 보면 아직도 여기저기에서 전쟁의 상흔을 볼 수 있다. 길바닥이나 건물 벽, 성벽 곳곳에 총탄이나 포탄 파편에 맞아 움푹 팬 자국이 보이고, 해안가 높다란 성벽 아래쪽에는 포격으로 무너진 집들이 아직도 그대로 남아 있다.

- 민체타 요새
- 임페리얼 힐튼 호텔
- 성 그리스도 교회
- 프란체스코회 수도원
- 성벽 투어 입구
- 인포메이션 센터
- 필레 게이트
- 전쟁사진 갤러리
- 오노프리오 샘
- 보카 요새
- 세르비아 정교회
- 이슬람교 모스크
- 로브리예나츠 요새
- 부자 카페1

두브로브니크의
시작,
필레 게이트

두브로브니크는 남북으로 길이가 6킬로미터에 불과한 작은 도시다. 인구는 4만 5천 명 정도다. 하지만 성 안의 구시가지(올드타운)는 하루 종일 둘러봐도 모자랄 만큼 아기자기한 볼거리와 많은 사연을 간직하고 있다. 그만큼 두브로브니크 관광은 구시가지인 성을 중심으로 진행된다.

공항에서 출발한 아틀라스 버스가 두브로브니크에 접어들어 정차하는 정류장이 바로 구시가지의 성문인 필레 게이트Pile Gate 앞이다. 버스정류장에서 내리는 순간 우뚝 솟은 성이 눈길을 사로잡으며 두브로브니크의 마술이 시작된다.

필레 게이트 바로 앞에 위치한 버스정류장은 두브로브니크의 관문이자 만남의 장소다. 두브로브니크를 찾아오거나 떠나는 사람들이 대부분 이곳에 모인다. 뿐만 아니라 라파드 등 인근 지역을 오갈 때도 이곳에서 차를 탄다. 관광안내소도 이곳에 있다.

그래서 항상 많은 사람들로 북적인다. 특히 7월 10일부터 8월 25일까지 이어지는 여름축제 기간에는 한낮부터 밤까지 많은 인파가 몰린다. 그래도 이

필레 게이트 앞 버스정류장

왕이면 여름축제 기간에 두브로브니크를 찾아야 르네상스 시대의 귀부인처럼 우아하고 아름다운 두브로브니크의 매력을 제대로 만끽할 수 있다.

단, 공항으로 향하는 버스를 탈 때는 필레 게이트 앞이 아니라 언덕 위 케이블카 타는 곳에서 타야 하니 헷갈리면 안 된다. 정류장 근처에는 작은 광장과 식당들이 있고 아멜링^{Amerling}이라 불리는 식수대같이 생긴 작은 분수도 서 있다. 1900년에 조각가 이반 렌디치$^{Ivan\ Rendić}$가 만든 분수로, 재미있게도 물고기 입에서 물이 흘러나온다.

관광안내소 앞에 있는 아멜링 분수

   숙소에 짐을 풀었으면 잠시 휴식을 취한 뒤 필레 게이트 앞으로 향하자. 만약 여름축제 기간에 두브로브니크를 찾았다면 투어에 앞서 반드시 선글라스와 선블록을 챙기고 음료수를 지참하자. 햇살이 어찌나 따가운지 선글라스가 없으면 돌아다니기 힘들고, 선블록을 바르지 않으면 살이 금방 빨갛게 익어버린다.

   두브로브니크 성 안에서는 자동차, 오토바이, 자전거 등 일체의 탈것이 다닐 수 없다. 공사를 하거나 특별한 목적으로 관련 차량의 출입을 시에서 허가하지 않는 한 일체의 탈것들은 성 내 출입이 금지돼 있다. 오로지 걸어 다녀야만 한다. 그러니 편한 신발을 신는 게 좋다.

   그리고 여기저기 성을 돌아다니다 보면 금방 목이 마르니 지치지 않도록 음료수도 준비하자. 음료수는 필레 게이트에 들어가기 전 버스정류장 앞 관광안내소에서 길 건너 맞은편의 '콘줌Konzum'이라는 슈퍼마켓에서 사는 게 싸다. 콘줌이라는 간판을 단 슈퍼마켓은 구시가지와 플로체 게이트 쪽에도 있고, 그 외에도 곳곳에서 볼 수 있다.

   참고로 두브로브니크에 하루 이상 묵으면서 골고루 구경할 생각이라면 아예 1일, 3일, 7일 단위

버스정류장 앞 콘줌 슈퍼.
편의점 역할을 하는 곳으로 커다란
'K'자를 찾으면 된다.

로 파는 일종의 관람권인 '두브로브니크 카드'를 구입하는 게 더 낫다. 성벽 투어를 하거나 각종 건물에 들어갈 때마다 입장료를 내야 하는데 합치면 꽤 큰 액수다. 그럴 바에는 차라리 카드를 구입하는 게 훨씬 저렴하다.

1일 관람권은 130쿠나, 3일권은 180쿠나, 7일권은 220쿠나였는데 지금은 물가 상승에 따라 조금 올랐다. 카드를 구입하면 다섯 개 박물관과 두 개 전시관, 성벽 투어 등 여덟 가지 명물을 무료로 이용할 수 있다. 각각의 입장권을 별도로 사는 것보다 카드를 구입하면 절반가량 싸다. 카드 구입 시 12세 이하의 동반 어린이는 무료입장이 가능하다.

두브로브니크 카드 판매 안내판. 성벽 투어와 몇 군데 명소를 들어가 볼 생각이라면 카드를 사는 게 더 싸다.

관람권의 경우 과거에는 구입하면 수차례 이용할 수 있었으나 지금은 그렇지 않다. 두브로브니크의 핵심인 성벽 투어는 아침저녁으로 풍광이 달라 한 번 보고 나면 또 오르고 싶어진다. 그래서 필자도 여러 번 투어를 했는데, 오를 때마다 입장권을 사려니 아까웠다. 이럴 때 관람권이 유용했는데, 지금은 그렇지 못해 아쉽다.

또 버스도 이용할 수 있다. 1일 관람권은 24시간 동안 버스를 무료로 무제한 탈 수 있고, 3일권은 10회, 7일권은 20회 무료 탑승할 수 있다. 숙소가 성에서 다소 떨어져 있다면 오고 갈 때 두브로브니크 카드는 그만큼 유용하다.

따라서 두브로브니크에 며칠 머무를 계획이라면 관람권 구입을 추천하고 싶다. 관람권은 필레 게이트 앞 광장의 버스정류장 뒤편에 위치한 관광안내소에서 판매한다.

두브로브니크 관광의 핵심인 성 투어는 필레 게이트에서 시작된다. 두브로브니크에 이삼 일 이상 머문다면 첫째 날에는 무리하지 말고 두브로브니크의 분위기를 익힌다는 마음으로 성 내부를 가볍게 돌아보자. 두브로브니크 관광은 성 안 골목골목을 누비며 독특한 성 분위기를 접하는 것이지만 첫째 날부터 그렇게 달릴 필요는 없으니, 첫째 날은 가볍게 성을 둘러보고 스트라둔 대로를 중심으로 구경하자. 둘째 날 이후에 성곽 투어와 골목 여행, 케이블카 및 두브로브니크 주변을 둘러보는 식으로 일정을 짜는 게 좋다.

선글라스와 음료수를 챙겼다면 필레 게이트로 들어가자. 필레 게이트가 어디 있는지 굳이 찾아볼 필요는 없다. 버스정류장 앞까지만 가면 많은 사람들이 필레 게이트로 몰려가기 때문에 그저 사람들을 따라가기만 하면 된다.

1537년에 완공된 필레 게이트는 영화에서나 보던 도개교(위로 들어 올리는 다리)가 걸려 있는 중세 시대의 성문이다. 옛날에는 밤이면 낯선 이방인의 출입을 막기 위해 도개교를 들어 올려 성문을 닫아걸고 통치자가 열쇠를 보관했다고 한다.

그때는 다리 밑 해자에 바닷물이 흘러들어왔지만 지금은 바닷물을 막아

나무를 심어 공원으로 바꿔놓았다. 다리 옆으로 돌아가면 과거 해자였던 공원으로 내려갈 수 있는 계단이 있다. 저녁때 내려가 보면 연인들의 애정행각을 심심찮게 목격할 수 있다.

도개교를 건너 성문 앞에 다다르면 르네상스 시대 아치 모양의 문 바로 위에 크로아티아를 대표하는 유명 조각가인 이반 메슈트로비치가 조각한 도시의 수호성인 성 블라시오$^{St Blaise}$의 작은 조각상이 서 있다. 더러 영어식으로 성 블레이스라고 발음하는 이들도 있는데, 성 블라시오가 맞다.

성 블라시오 조각상을 성의 정문이나 마찬가지인 필레 게이트 위에 놓아둔 이유가 있다. 바로 성 블라시오가 두브로브니크의 수호성인이기 때문이다. 그래서 성 안 곳곳에서 그의 모습을 자주 볼 수 있으니 들어갈 때 유심히 살펴보자.

더불어 필레 게이트 위에는 두브로브니크의 저항정신과 자유의지를 상징하는 "세상의 모든 금을 주어도 자유는 팔지 않는다$^{Non Bene Pro Toto Libertas Venditur Auro}$"라는 유명한 문구가 크로아티아어로 씌어 있다. 여름축제도 '자유^{Libertas}'라고 명명할 만큼 자유를 향한 이들의 의지가 드높다.

필레 게이트는 바깥문과 안쪽문 등 이중으로 돼 있다. 조각상이 있는 문은 바깥쪽 문이다. 이 문을 지나면 계단과 경사진 길을 통해 내려가 안쪽 문을 만날 수 있다. 이 길에 화가들이 직접 그린 그림을 들고 나와 팔거나 악사들이 연주를 하기도 한다. 여기에는 이곳을 찾는 사람들에게 사진으로 널리 알려

크로아티아 국기가 나부끼는 필레 게이트.
성수기에는 사람들이 이곳으로 물밀듯
밀려든다.

공원으로 바뀐 필레 게이트 아래의 해자.
연인들의 데이트 장소로 이용되고 있다.

필레 게이트 위에 놓여 있는
두브로브니크의 수호성인
성 블라시오.
이반 메슈트로비치의 작품이다.

필레 게이트 안쪽 문 위에 여름축제를 알리는 '자유' 표시가 붙어 있다.

필레 게이트 바깥문을 들어서면 항상 만날 수 있는 두브로브니크의 명물인 거리의 악사. 노래도 잘 부르고 기타 연주도 잘 한다. 자신의 노래를 담은 음반을 팔고 있다.

ROUTE 4   아드리아 해의 진주 두브로브니크

진 거리의 악사가 한 사람 있다.

　이름은 모르겠고 사진이 널리 퍼져서 얼굴은 제법 알려졌는데, 기타를 곧잘 연주한다. 하도 신나게 기타를 연주하기에 동전을 기타 케이스에 떨어뜨렸더니 대뜸 "어디서 왔느냐"고 물었다. "한국"이라고 대답했더니, 바로 우리말로 "감사합니다"라고 인사를 건넸다. 절로 웃음이 나왔다. 결국 연예인처럼 포즈를 잡아주는 거리의 악사와 기념사진을 찍었다.

　필레 게이트의 악사는 2012년에 두브로브니크를 다시 방문했을 때도 여전히 그 자리를 지키고 있었다. "작년 여름에도 왔었다"고 말을 건넸더니, "기억난다"고 너스레를 떨며 활짝 웃었다. 정말 기억이 날 리는 만무하고, 나름대로 거리에서 터득한 그만의 생존법이 아닐까 싶다.

거울 같은 거리, 스트라둔 대로

거울처럼 반들거리는 석회석으로 다져진 스트라둔 대로

필레 게이트의 안쪽 문은 바깥쪽 문보다 먼저 세워져 1460년에 완공되었다. 안쪽 문을 들어서는 순간, "오, 세상에!"라는 탄성이 절로 터져 나왔다. 거울처럼 반들거리는 석회석과 대리석으로 다져진 대로가 동서로 길게 뻗어 있고 양옆으로 붉은 지붕의 중세 시대 건물들이 늘어서 있다. 이곳이 스트라둔Stradun 또는 플라차Placa라고 부르는 올드타운의 중심가다.

바닥이 어찌나 거울처럼 반들거리는지, 처음에는 왁스칠을 했거나 물이 묻은 게 아닌가 하는 착각이 들어서 손으로 쓸어보기까지 했다. 하지만 일부러 그렇게 만든 게 아니라 몇 백 년을 흘러온 세월의 작품이었다. 수많은 사람의 발길이 닿으면서 절로 닳아서 반들반들해진 것이다.

그 모습이 하도 신기하고 아름다워 영화에서 쓰는 로 앵글처럼 카메라를 바닥에 붙이다시피 하고 내리깔아 찍었더니 스트라둔 대로의 주변 풍경이 거울처럼 돌 위에 어렸다. 두브로브니크의 옛 시인은 이 모습을 "두브로브니크에서는 발자국 소리가 들리지 않고 보인다"라고 읊었다.

스트라둔 대로는 10월부터 4월까지 이어지는 비수기에는 다른 모습으로 변한다. 맑은 날은 평소와 다름없지만 비수기에 자주 내리는 비라도 만나면 물에 젖은 잿빛 대리석처럼 변한다. 비오는 날 들른 적이 있는데 화려하게 반짝거리던 모습은 온데간데없고 마치 온 세상이 흑백사진으로 변한 것처럼 완전히 달라져 새로웠다.

두브로브니크 사람들에게 들어보니 여기에는 사연이 있었다. 원래 292미

카메라를 바닥에 붙여 스트라둔 대로를 로 앵글로 찍으면 거리 모습이 거울처럼 반사된다.
비수기에 가면 비가 자주 내려 스트라둔 대로도 물에 젖은 잿빛으로 변한다.

ROUTE 4   아드리아 해의 진주 두브로브니크

터 길이의 거울 같은 스트라둔 대로는 아주 좁은 바다였다. 섬이었던 라구사와 내륙이었던 두브라바 지역이 서로 합치기로 결정하면서 파도가 철썩이던 좁은 해협을 돌로 메우는 작업에 착수했다. 그래서 11세기에 두 지역을 드나드는 사람들에게 일종의 통행세처럼 오고 갈 때 돌을 하나씩 들고 올 것을 요청했다고 한다. 그렇게 사람들이 오가면서 하나씩 떨어뜨려놓은 돌을 토대로 해협을 메웠고, 12세기에 두 지역이 합쳐 하나의 도시를 만들면서 석회석과 대리석을 깔아 스트라둔 대로를 만들었다는 이야기다.

이렇게 조성한 스트라둔 대로를 중심으로 건물을 올려서 17세기까지 대로 양옆으로 화려한 궁전들이 즐비했다. 그러나 1667년 대지진으로 건물들이 파괴되면서 새로 지었고, 당시 지은 건물들이 지금까지 전해지고 있다. 지금도 약 4천 명의 시민들이 스트라둔 대로를 중심으로 성 안쪽에 살고 있다.

스트라둔은 길을 뜻하는 이탈리아어 스트라다^{Strada}에서 파생되었다. 스트라둔의 또 다른 이름인 플라차는 라틴어의 광장$^{Platea\ Communis}$에서 유래했다. 각종 공공행사를 이곳에서 알렸기 때문이다.

스트라둔 대로를 보니 왜 두브로브니크를 '아드리아 해의 진주'라고 부르는지 알 것 같다. 성문 밖에서 봤을 때는 조개껍질 같은 회색빛 성벽만 보이지만 시커먼 동굴 같은 문을 지나 들어서는 순간, 마치 진주를 품은 조개가 껍데기를 벌리며 진주를 드러내듯 보석처럼 반짝이는 대로와 붉은 지붕의 아름다운 건물들이 나타나기 때문이다.

신비의 샘 오노프리오

과거 두브로브니크의 수도 역할을 한 오노프리오 샘. 지금도 물이 나와 먹거나 세수를 할 수 있다.

ROUTE 4 　아드리아 해의 진주 두브로브니크

오노프리오 샘 앞에서 기념품을 파는 상인

스트라둔 대로에 첫발을 내디디면 양옆으로 늘어선 중세 시대의 건물들이 순식간에 시간의 바퀴를 과거로 돌려놓는 것 같다. 그중에서도 대뜸 눈길을 끄는 것은 오른편에 둥그런 지붕을 덮은 봉분 비슷한 축조물이다. 바로 오노프리오 샘^{Onofrio Fountain}이다. 필레 게이트의 안쪽 문을 들어서자마자 나오는 스트라둔 대로의 동쪽 끝에 위치한 오노프리오 샘은 낭만적으로 샘이라는 이름이 붙었지만 정확히 표현하면 수도다.

로마식 상수도 시스템이 결합된 일종의 저수조 역할을 하는 오노프리오 샘은 두브로브니크의 랜드마크 가운데 하나다. 워낙 특이하게 생겼고 쉽게 찾을 수 있어서 관광객들이 이 앞에서 곧잘 모여 이동한다.

1438년 이탈리아 나폴리에서 온 오노프리오 데 라 카바^{Onofrio de la Cava}가 만든 이 샘은 무려 11.7킬로미터나 떨어진 상수원인 리예카 두브로바츠카^{Rijeka Dubrovačka}에서 물을 끌어와 도시 사람들에게 마실 물을 공급한 중요한 식수원이었다. 중앙에 커다란 돔 모양의 지붕이 내부의 고인 물에 이물질이 떨어지지 않도록 막아주는 역할을 하며, 그 아래 16개로 나뉜 면에서 물이 흘러나

온다. 재미있게도 16개의 면에는 얼굴 모양이 조각되어 있으며 그들의 입에 연결된 관에서 물이 나온다.

그러나 오노프리오 샘은 1667년 대지진 때 심하게 파손된 뒤 복구되었고, 지금은 현대식 수도 시스템으로 개량되었다. 덕분에 지금도 16개의 면에서 관광객들을 위해 시원한 물을 쏟아낸다. 마셔도 괜찮다고 하지만 마시는 사람은 거의 없고 주로 얼굴이나 손을 씻는 용도로 많이들 이용한다.

7~8월 여름축제 기간에 두브로브니크를 찾는다면 보통 섭씨 30도를 훌쩍 넘을 만큼 몹시 덥다. 그만큼 시원한 물을 흘려 보내주는 오노프리오 샘은 관광객들에게 더위를 식혀주는 더할 수 없이 반가운 존재다.

두브로브니크에는 오노프리오가 설계한 샘이 하나 더 있다. 또 다른 샘은 스트라둔 대로가 끝나는 지점인 루자 광장Luža Square의 시계탑 앞에 있다. 시계탑 앞에 있는 오노프리오 샘은 필레 게이트 앞에 있는 샘과 달리 아주 작고 모양도 다르다. 시계탑 앞의 오노프리오 샘은 윗부분에 돌고래 문양으로 장식돼 있어 쉽게 찾을 수 있다.

루자 광장의 시계탑 앞에 서 있는 두 번째 오노프리오 샘

오노프리오 샘 맞은편을 보면 작은 교회가 하나 있다. 필레 게이트의 안쪽 문으로 들어서자마자 왼쪽이다. 이 교회는 성 그리스도 교회St Saviour Church다.

ROUTE 4   아드리아 해의 진주 두브로브니크

스트라둔 대로의 시작점에 위치한 연한 베이지색의 아담한 이 교회는 1520~1528년에 완공되었다. 1667년 두브로브니크를 황폐화시킨 대지진 때도 손상되지 않아 르네상스 양식이 온전히 남아 있는 몇 안 되는 건물 중 하나다. 설계는 코르출라의 장인匠人 페타르 안드리지치Petar Andrijić가 맡았다.

이 교회는 평소에 쉽게 내부를 구경하기 힘들지만 여름축제 기간이면 때때로 밤에 촛불을 켜놓고 연주회나 그림 전시회를 열기도 해 들어가 볼 수 있다. 비단 이곳뿐만 아니라 여름축제 기간에는 밤마다 두브로브니크 성 곳곳에서 음악소리가 끊이지 않는다.

성 그리스도 교회 바로 옆에 작은 골목을 사이에 두고 길게 벽이 이어지는 건물은 프란체스코 수도원 및 박물관Franciscan Monastery & Museum이다. 첨탑이 높이 솟아 있어 쉽게 찾을 수 있다.

여기서 재미있는 풍경을 볼 수 있다. 사람들이 스파이더맨처럼 벽에 들러붙어 사진을 찍는 모습이다. 자세히 보면 수도원 건물 첫 번째 문 옆에 작은 돌이 튀어나와 있다. 아이들 장난 같지만 사람들이 그 위에 올라서서 키 재기 하듯 사진을 찍는 모습이 재미있다.

수도원을 구경하려면 벽을 따라 조금 올라가다 보면 나오는 두 번째 문으로 들어가면 된다. 문 위에 죽은 그리스도를 안고 있는 성모 마리아, 즉 피에타 상이 조각돼 있어 쉽게 찾을 수 있다. 피에타 상은 지역 장인으로 꼽히는 페타르와 레오나르드 안드리지치 형제가 1498년에 만들었다.

오노프리오 샘 맞은편에 위치한 성 그리스도 교회

프란체스코 수도원 입구의 피에타

성 그리스도 교회 바로 옆에 좁은 골목이 있는데 이곳이 바로 프란체스코 수도회의 박물관으로 들어가는 입구다.

프란체스코 수도원의 실내. 정면 제단에 예수가 구원의 깃발을 들고 서 있다.

피에타 상 외에도 웅장하고 아름다운 장식물이 많았던 것으로 전해지지만 1667년 대지진 때 대부분 파괴되었다. 대지진의 상처뿐 아니라 벽 곳곳에는 1991년 유고슬라비아 내전 때 날아와 박힌 총알 자국이 그대로 남아 있어 아픈 역사를 되돌아보게 한다.

두 번째 문을 통해 내부로 들어가 보면 이 교회가 유럽의 다른 지역의 거창한 교회들처럼 크지 않다는 것을 알게 된다. 그러나 오래된 그림과 장식들로 가득해 간단치 않은 역사를 엿볼 수 있다.

특이한 것은 십자가다. 눈여겨보면 정면에 평범한 십자가와 달리 예수가 구원의 깃발이 매달린 십자가를 들고 서 있다. 청빈한 생활을 하면서도 각종 자선 활동에 앞장선 수도회의 특징을 보여주는 십자가다.

유럽에서 가장 오래된 약국이 있는 프란체스코 수도원

수도원의 분위기를 제대로 느끼려면 내부의 회랑을 봐야 한다. 일단 수도원에서 나오자.

수도원 내부로 들어가려면 성 그리스도 교회와 수도원 사이의 작은 골목으로 들어가야 한다. 오전 9시부터 오후 6시까지 문을 여는 이곳은 유료다. 회랑을 둘러볼 수 있는 입장료는 일인당 30쿠나. 하지만 입장료를 내고 들어가 볼 만하다. 이곳에는 유럽에서 가장 오래된 약국이 있고 지금도 약품과 화장품 등을 팔고 있다.

프란체스코 수도원은 1235년 이탈리아 아시시 출신의 프란체스코 수도사가 머물며 전염병에 걸린 사람들을 치료했던 곳이라고 한다. 당시 유럽은 흑사병 창궐로 인구의 절반이 죽어나가고 있었다. 그의 헌신적인 구호 활동을 기려 수도원이 세워졌다. 교회, 정원, 도서관, 박물관 등 부속시설까지 짓는 데 거의 90년의 세월이 걸려 1317년에 완공되었다.

내부로 들어서면 왼편에 유럽에서 가장 오래된 약국이 있다. 약국이 있는 이유는 이곳의 수도사들이 과거에 전염병을 퇴치하는 등 의사 역할을 겸했

유럽에서 가장 오래된 약국인 프란체스코 약국.
핸드크림 등 화장품도 판다.

기 때문이다. 1317년에 문을 연 이 약국은 지금도 운영되며, 이곳에서 전통적인 방법으로 약초 등을 이용해 제조한 화장품과 연고 등을 판매한다.

약국을 지나쳐 들어가면 사각형의 작은 정원을 중심으로 열주들이 사방을 감싸고 있는 회랑이 나온다. 작은 정원에는 오렌지와 야자나무들이 자라고 있다.

하늘에서 쏟아져 들어오는 햇살이 길게 열주들의 그림자를 드리우는 회랑은 한 편의 그림처럼 달마티아의 후기 로마네스크 양식을 그대로 느낄 수 있어 참으로 아름답다. 열주들을 눈여겨보면 위쪽에 각기 다른 사람이나 동물의 머리 모양이 장식돼 있다. 회랑의 벽 위쪽에는 수도사들이 전염병을 퇴치한 활약상을 그림으로 그려놓았다.

벽 안쪽으로 들어가면 작은 박물관이 나온다. 이곳에는 수도사들의 종교, 문학, 학술 활동을 보여주는 7만여 점의 필사본과 인쇄본 자료는 물론이고 보석 장신구, 각종 악보, 의학 및 약학 재료와 기구들도 전시돼 있다.

프란체스코 수도원을 나와 스트라둔 대로를 따라 올라가다 보면 양옆으로 갈라진 작은 골목들을 볼 수 있다. 두브로브니크 관광의 묘미는 바로 이 골목이다. 여러 갈래로 갈라진 골목들을 누비며 각종 맛집과 기념품점, 갤러리 등 작고 아담한 가게들과 아기자기한 볼거리, 오래된 건물들을 구경하는 재미가 쏠쏠하다. 따가운 햇살이 내리꽂히는 대로와 달리 골목은 높다란 건

프란체스코 수도원 회랑.
가운데 정사각형 정원으로 햇빛이
쏟아지면서 늘어선 열주들이 회랑
복도에 무늬처럼 길고 둥근 그림자를
드리운다.

물이 시원한 그늘을 만들어줘 더위도 식힐 수 있다.

    스트라둔 대로 왼쪽에 늘어선 골목들 가운데 네 번째 골목에 들어서면 전쟁사진 갤러리^{War Photo Limited}가 있다. 이곳은 좀 특별하다. 이름 그대로 전쟁사진을 주로 전시하는 곳인데, 특히 2층에 사진기자로 유명한 웨이드 고다드^{Wade Goddard}가 1991~1992년에 벌어진 크로아티아 내전 때 촬영한 사진들이 전시돼 있다. 크로아티아와 마찬가지로 우리도 한국전쟁이라는 내전을 겪었다. 하지만 우리는 1950년 이전에 태어난 사람들이 아니라면 전쟁을 직접 체험하지 못했다. 반면 크로아티아 내전은 불과 20년 전이어서 아직도 많은 젊은 이들이 전쟁의 쓰라린 기억을 갖고 있다.

    이를 여실히 보여주는 곳이 바로 전쟁사진 갤러리다. 고다드가 찍은 전쟁사진은 전쟁의 충격과 공포를 고스란히 안고 있는 일반인들의 비참한 모습과 뭉개진 장미꽃처럼 처참하게 파괴된 두브로브니크를 담고 있다. 이토록 아름다운 도시가 화염과 연기에 휩싸인 채 신음하는 사진은 액션으로 충만한 전쟁 영화나 자극적인 하드고어 사진보다 오히려 더 충격적이다.

    내전 기간에 세르비아군은 두브로브니크에 2천 발의 포탄을 퍼부어 성 안에 있던 824개의 건물 가운데 68퍼센트를 타격했다. 314발은 거리와 광장을, 111발은 성벽을 두드렸다. 그 바람에 대지진 때도 살아남았던 프란체스코 수도원과 오노프리오 샘, 스폰자 궁전 등 아홉 개의 역사적인 건물들이 심각한 피해를 입었다. 크로아티아는 두브로브니크 복구에 1천만 달러가 들어간 것으로 추산하고 있다.

　전쟁의 비극을 사진으로 웅변하고 있는 이곳은 입장료가 30쿠나이며, 6월부터 9월까지는 오전 9시부터 오후 9시까지 매일 문을 연다(5월과 10월에는 오전 10시부터 오후 4시까지, 월요일은 휴무). 그러나 비수기인 11월부터 4월까지는 문을 닫는다.

의자가 없는
세르비아
정교회

전쟁사진 갤러리에서 나와 스트라둔 대로를 건너 맞은편 골목 안쪽으로 들어서면 세르비아 정교회 및 박물관 Serbian Orthodox Church & Museum이 있다.

가톨릭은 1054년 로마 교황청을 중심으로 한 가톨릭과 콘스탄티노플을 기반으로 한 동방정교 둘로 분리되었다. 여기서 다시 동방정교는 그리스 정교, 러시아 정교, 세르비아 정교 등으로 갈라졌다. 세르비아 정교는 6세기 이후 발칸 반도에 자리 잡았다. 중세에 발칸 반도의 왕국들이 정치적인 이유로 세르비아 정교를 강력히 지지하면서 9세기 이후 발칸 반도의 주요 종교가 되었다.

특히 세르비아 민족주의에 미친 영향력이 대단해 세르비아 국가 건립과 민족 단결에 중요한 요소가 되었다. 크로아티아의 인구 중 약 88퍼센트가 가톨릭, 즉 천주교를 믿지만, 세르비아 정교회도 4.4퍼센트를 차지한다.

세르비아 정교회는 꼭대기에 십자가를 사이에 두고 각이 진 돌탑이 뿔처럼 두 개 삐죽 솟아 있어 쉽게 알아볼 수 있다. 성벽 투어 때 내려다보면 붉은 지붕들 위로 십자가가 꽂힌 듯

세르비아 정교회. 꼭대기를 보면 각진 돌탑 두 개 사이에 십자가가 세워져 있다.

서서 예배를 보기 때문에 예배당 중앙에 의자가 없는 세르비아 정교회. 벽 쪽에 잠시 쉴 수 있는 휴식용 의자가 몇 개 있다. 제단 위쪽에는 최후의 만찬을 다룬 그림이 있고, 그 아래 성 가족 초상화가 있다.

ROUTE 4   아드리아 해의 진주 두브로브니크

그런 돔 지붕 두 개가 나란히 서 있는 것이 눈에 띈다.

1877년 이후 교회와 박물관을 겸하는 이곳에는 15~19세기에 만든 매혹적인 종교적 상징물이 가득하다. 내부로 들어가면 높다란 천장 아래 화려하게 장식된 등이 길게 드리워져 있고, 전면에는 금박 장식물이 병풍처럼 둘러친 제단이 있다. 제단 주변은 이탈리아, 러시아, 크레타, 슬로베니아 등지에 기원을 둔 성경 속 가족의 초상화로 장식돼 있다.

제단 위쪽에는 최후의 만찬을 다룬 그림도 있다. 이 그림들 중에는 크로아티아가 자랑하는 화가 블라호 부코바치의 작품들도 있다. 이처럼 많은 종교적 상징물 때문에 이 교회는 박물관으로 불린다. 심지어 천장조차 화려한 문양으로 수놓아져 있다.

특이한 것은 세르비아 정교회의 경우 예배당 중앙에 의자가 없다는 점이다. 종교적 특징상 앉지 않고 서서 예배를 보기 때문이다. 따라서 사방 벽 쪽에 앉아서 쉴 수 있는 의자만 몇 개 비치돼 있다.

박물관이다 보니 일인당 10쿠나의 입장료를 받는다. 하지만 비수기에는 찾는 사람이 많지 않아서 그런지 관리도 느슨해 굳이 입장료를 내지 않아도 둘러볼 수 있다.

한 가지 알아둘 것은 이곳이 문을 빨리 닫는다는 점이다. 월요일부터 토요일까지 오전 9시에 문을 열어 오후 2시면 닫기 때문에 그전에 가야 한다.

세르비아 정교회에서 스트라둔 대로로 나와 시계탑을 향해 걸어 올라가다 보면 왼편에 서점이 있다. 서점을 지나쳐 바로 옆 골목으로 들어가서 북쪽으로 올라가면 유대교회당 Synagogue을 만날 수 있다. 가톨릭 성당에 이어 세르비아 정교회, 유대교회당까지 있으니 크로아티아 종교의 다양성을 엿볼 수 있다.

발칸 반도에서 두 번째로 오래된 이 유대교회당은 15세기에 건립되었다. 박물관을 겸하고 있는 내부에는 종교 유물과 제2차 세계대전 이후 살아남은 유대인들의 문서 등이 보관돼 있다. 입장료는 10쿠나. 성수기인 5~10월은 월~금요일 오전 10시부터 오후 8시까지, 비수기인 11~4월은 오후 3시까지만 문을 연다.

두브로브니크의 중심, 루자 광장

루자 광장. 축제 기간에는 올란도 석주 위에 두브로브니크의 상징인 '자유' 깃발이 걸린다.

여름축제 기간에는 밤이면 루자 광장에서 야외 음악회나 공연이 열린다.

ROUTE 4 아드리아 해의 진주 두브로브니크

다시 스트라둔 대로로 나와 동쪽의 시계탑이 보이는 곳까지 걸어 올라가면 과거 장터였던 루자 광장이 나온다. 1463년에 조성된 이 광장은 1952년에 현대식으로 재건되었다. 광장 앞에 설치된 올란도 석주$^{Orlando\ Column}$ 때문에 올란도 광장으로 불리기도 한다.

광장 오른편에는 커다란 성 블라시오 교회가 있고, 한복판에는 칼을 든 기사가 서 있는 올란도 석주가 있다. 교회와 마주보는 위치에는 스폰자 궁전이 있으며, 다른 한쪽에는 높다란 시계탑이 버티고 서 있다. 여기에 여름축제 기간에는 밤이면 가설무대가 설치돼 야외 음악회나 공연이 곧잘 열린다. 그만큼 루자 광장은 사방이 볼거리다.

루자 광장에 서 있는 올란도 석주에는 8세기에 살았던 것으로 알려진 전설의 기사 롤랑^{Roland}의 입상이 전면에 서 있다. 올란도는 롤랑의 이탈리아식 표기다. 서사시 『롤랑의 노래』를 통해 영웅담이 알려진 롤랑은 샤를마뉴 대제 시절에 활약한 프랑크 왕국의 기사다. 그의 모험담이 두브로브니크까지 전해지면서 1418년 조각가 보니노 다 밀라노$^{Bonino\ da\ Milano}$가 만들었다. 오른손에는 요정이 만들었다는 전설의 명검 뒤랑달^{Durandal}을 쥐고 있으며 왼손에는 방패를 들고 있다.

이 석주는 쉽게 눈에 띄다 보니 만남의 장소로 곧잘 이용되며 축제 개시 등 각종 포고도 이곳에서 이루어진다. 두브로브니크의 유명한 여름축제도 1950년 7월 10일부터 매년 석주 앞에서 시작되었다. 한때 라구사 공화국의

깃발이 펄럭였던 석주 위 깃대에는 평소 크로아티아 국기가 게양되지만 여름 축제 기간에는 자유를 상징하는 축제의 깃발이 걸린다.

재미있는 사실은 광장에 장이 열렸던 시절, 이 석주가 측정 단위로 쓰였다는 점이다. 즉 칼을 잡고 있는 손부터 팔꿈치까지 이르는 기사의 팔뚝 길이가 51.1센티미터여서 여기에 대보고 길이를 가늠했다고 한다. 이 같은 도량형은 생활의 편리함을 돕기도 하지만 다툼과 부정행위를 방지하는 역할도 했다.

루자 광장 한복판에 서 있는 올란도 석주.
칼을 쥔 손부터 팔꿈치까지의 길이가
51.1센티미터여서 길이를 가늠하는
척도로도 쓰였다.

두브로브니크의 수호성인을 기리는 성 블라시오 교회

두브로브니크의 수호성인인 성 블라시오를 기리는 성 블라시오 교회. 커다란 돔 지붕이 인상적이다.

올란도 석주의 등 뒤로 보이는 커다란 교회가 바로 성 블라시오 교회다. 이 교회는 두브로브니크의 수호성인인 성 블라시오를 기리기 위해 14세기에 로마네스크 양식으로 건축되었다.

블라시오는 어떤 사람일까. 4세기에 활약한 아르메니아 주교였던 블라시오는 로마 황제의 박해를 받아 산속 동굴에 갇혔으나 다친 야생동물들을 돌보고 치유해주면서 명성을 얻었다. 나중에는 사람의 병도 고쳤으나, 로마 총독에게 양털을 정리할 때 쓰는 강철 쇠갈고리로 고문을 당한 뒤 316년에 머리가 잘리는 참수형을 당했다.

그런 그가 다시 사람들의 관심을 끈 것은 십자군전쟁 이후였다. 중동 원정에 나선 십자군이 각종 질병을 유럽에 퍼뜨리면서 의술로 이름을 떨쳤던 블라시오가 유럽 여러 도시의 수호성인으로 공경을 받게 된 것이다. 심지어 미켈란젤로가 그린 명화 〈최후의 심판〉에도 등장한다.

특히 두브로브니크 사람들은 유달리 그에 대한 애착이 강했던지 10세기의 전설에도 등장한다. 10세기 때 강력한 해상국가인 베네치아의 선박이 두브로브니크 침략을 위해 사전 정탐선을 두브로브니크 앞바다에 띄웠다. 당시 곤한 잠에 빠져 있던 성 스테판 대성당 신부는 꿈에 주교의 관과 지팡이를 든 노인을 만나게 된다. 바로 블라시오 성인이었다. 블라시오는 베네치아 선박의 염탐 사실을 전하며 두브로브니크의 위기를 알렸고, 신부는 황급히 종을 울려 마을 사람들이 베네치아 선박을 쫓아낼 수 있도록 했다.

두브로브니크 사람들은 위기를 모면한 뒤 신부가 꿈에 본 성인의 모습대로 동상을 만들었다. 그렇게 만든 블라시오 성인의 동상은 머리에 황금 관을 쓰고 왼손에 지팡이와 두브로브니크 성의 모형을 든 채 교회 입구 위쪽에 서서 루자 광장을 내려다보고 있다. 과거 라구사 공화국 깃발에도 SB라는 글자가 있는데, 바로 성 블라시오의 약자다.

성인의 영험 덕분인지 성 블라시오 교회는 두브로브니크를 폐허로 만든 1667년 대지진의 위기를 용케 모면했다. 그러나 1706년 화재로 모두 타버리는 바람에 1715년 베네치아 건축가인 마리노 그로펠리^{Marino Gropelli}가 베네치아에 있는 성 마우리티우스 성당을 본떠서 바로크 양식으로 다시 지었다.

수호성인의 모습은 교회 내부에서도 볼 수 있다. 세 폭의 화려한 그림이 그려진 제단 위로 금박으로 장식된 파이프오르간이 놓여 있고, 대리석 상들과 은으로 만든 성 블라시오의 조각상이 놓여 있다. 성 블라시오 조각상은 1706년 화재 때 내부의 모든 것이 녹아 없어졌는데도 유일하게 손상을 입지 않아 화제가 되었다.

성 블라시오에게 바치는 고딕 양식의 주 제단은 15세기 두브로브니크의 금세공사 학교에서 제작했다. 그만큼 섬세한 문양이 특징이다.

온통 중세의 유산으로 둘러싸인 교회 내부에서 유일하게 스테인드글라스 창문만 현대에 제작되었다. 이 창문은 1971년에 지역 예술가들이 장식했다.

성 블라시오 교회 입구 위에 서 있는 성 블라시오. 황금 관을 쓰고, 한 손에 지팡이와 두브로브니크 성의 모형을 들고 있다.

아날로그와
디지털이 결합된
시계탑

 루자 광장의 또 다른 이정표는 바로 높이 솟은 시계탑이다. 이 시계탑은 필레 게이트를 통과해 스트라둔 대로에 들어서자마자 멀리 동쪽 끝 정면에 뚜렷하게 보인다.

 시계탑을 유심히 살펴보면 모양이 재미있다. 맨 위에는 종이 달려 있고 그 밑에 둥근 시계의 문자판이 보인다. 또 시계 아래에는 둥그런 지구 모양이 붙어 있는데, 낮과 밤을 표시한다. 그 밑에는 또다시 네모 칸에 로마 숫자로 현재 시간을 표시하고 있다. 마치 디지털시계와 아날로그시계가 함께 붙어 있는 형국이다.

<small>맨 위에 종이 달려 있는 시계탑</small>

 1444년 건설된 시계탑의 높이는 31미터다. '그리니스(녹색 사람들)'라는 이름을 가진 2톤 무게의 청동제 종과 양옆에서 종을 치는 마로^{Maro}와 바로^{Baro}라는 캐릭터는 유명한 주물사인 이반 라블야닌$^{Ivan\ Rabljanin}$이 1509년에 만들었다. 하지만 1667년 대지진 때 파손돼 1928년에 다시 만들었다.

 지금도 시계탑의 종이 정각에 울리며, 약속을 상기시키기 위해 3분 후에 다시 울린다. 또 매시 30분에도 울린다. 이처럼 시계탑의 종은 시간을 알리는

시계탑 꼭대기에 달려 있는 2톤 무게의 청동제 종.
망치를 든 마로와 바로라는 캐릭터가 종을 친다.

ROUTE 4 　 아드리아 해의 진주 두브로브니크

일 외에 과거 라구사 공화국 시절에 의회를 소집하거나 화재 및 적의 침입 등 경보를 발령할 때도 울렸다.

앞서 설명한 대로 시계탑 아래에는 또 다른 오노프리오의 샘이 있다. 필레 게이트 쪽에 있는 대형 식수대와 달리 이곳은 대여섯 명의 사람만이 이용할 수 있을 정도로 크기가 작다. 꼭대기에 물고기들이 장식된 기둥이 있고, 그 주위에 사람 얼굴 모양이 장식돼 있는데 그들의 입에서 물이 떨어진다. 물이 나오는 곳은 사람 키보다 높으며, 허리쯤 오는 식수대로 물이 떨어진다. 이 물을 받아서 마시기도 하고 얼굴이나 손을 씻기도 한다.

두브로브니크의 세관, 스폰자 궁

루자 광장의 시계탑 바로 옆에 위치한 스폰자 궁.
여러 양식이 섞여서 각 층마다 서로 다른 모양을 하고 있다. 1층은 열주가 늘어선 르네상스 양식, 2층은 창 위쪽이 뾰족한 후기 고딕 양식, 3층은 다시 네모난 사각형 창의 르네상스 양식이다. 이 건물의 3층 한가운데에도 역시 수호성인 성 블라시오 상이 서 있다.

스트라둔 대로의 볼거리는 스폰자 궁이 대미를 장식한다. 성 블라시오 교회 맞은편에 위치한 이곳은 라구사 공화국 시절에 세관이라는 뜻의 디노바^{Dinova}로 불리기도 했다. 해상무역 국가였던 라구사 공화국이 1516~1522년에 무역을 관장하는 세관으로 지은 이 건물은 두브로브니크의 장인으로 통하는 건축가 파스코예 밀리체비치가 설계했다. 스폰자 궁이 세관 역할을 한 이유는 바로 옆의 플라차 문으로 나가면 부두로 연결되기 때문이다.

이곳은 특이하게 중세 시대의 모든 무역상들이 드나드는 관문이었던 세관과 건물 한편에 라구사 공화국의 화폐를 찍어내는 조폐국이 함께 있었다. 또 16세기에는 문화센터 역할을 해서 지식인들이 모여 토론과 학술 세미나 등을 하며 서로의 지식을 교환했다. 그만큼 많은 사람이 모여 정보를 나누던 교류의 장이었다. 이곳은 1667년 대지진 때 도시가 완전히 망가지는 재난 속에서도 프란체스코 수도회와 함께 살아남은 단 두 개의 건물 가운데 하나다.

문화사에 관심이 있다면 건물 외관에서 특이한 점을 발견할 수 있다. 건물 외관에 고딕과 르네상스 양식 등 여러 양식이 다채롭게 혼재된 점이다. 1층은 르네상스 양식으로 만든 기둥 6개가 늘어서 아치형 회랑을 이루고 있다. 2층은 후기 고딕 양식으로 만든 독특한 장식의 창문들이 있고, 3층은 다시 르네상스 양식의 창문으로 장식돼 있다.

두브로브니크의 수호성인 성 블라시오의 조각상이 이곳에도 있다. 밖에서 궁을 올려다보면 3층의 움푹 파인 공간에 작은 조각상이 놓여 있는데, 바로 성 블라시오의 조각상이다. 1층 현관과 꼭대기 조각 장식은 프란체스코 수도원의 피에타를 만든 안드리지치 형제의 작품이다.

스폰자 궁은 과거와 마찬가지로 지금도 미술관과 박물관, 전시관 등 다양한 역할을 겸하고 있다. 내부로 들어가면 건물이 사면을 에워싼 기다란 사각형 뜰이 나온다. 과거 두브로브니크를 방문한 무역 상인들의 회합 장소로 쓰였던 이곳은 답답할 것 같은데도 뜰 안 가득 쏟아지는 햇살 때문에 오히려 따뜻한 느낌이 든다. 그래서 곧잘 사면 벽에 그림을 전시하는 화랑으로 쓰인다.

건물은 12세기 라구사 공화국 시절의 문서와 1272년 이래 전해져 내려온 라구사 공화국의 법령과 법전들을 모아놓은 문서보관소로 쓰이고 있다. 문서보관소로 들어가려면 일인당 15쿠나의 입장료를 내야 한다. 월~금요일은 오전 8시부터 오후 3시까지, 토요일은 오후 1시까지 문을 연다. 이 안에는 가격을 따질 수 없는 근 1천 년의 귀중한 문서들이 보관돼 있다.

또 한편에는 1991년 발발한 내전 때 두브로브니크를 지키다 죽어간 젊은 이들의 사진이 전시된 방이 있어 숙연하게 만든다. 벽에 걸린 앳된 청년들의

기다란 사각형 모양의 스폰자 궁 안뜰은 사면 벽에 그림을 전시하는 갤러리로 쓰인다.

스폰자 궁 안쪽의 추모관. 크로아티아 국기와 수호성인 성 블라시오의 약자인 SB가 새겨진 라구사 공화국 깃발 아래 1991년 내전 때 희생된 젊은이들의 사진이 걸려 있다.

모습이 마음을 아프게 한다.

 이곳은 사진도 사진이지만 이를 바라보는 사람들의 모습이 오히려 더 많은 이야기를 전하는 곳이기도 하다. 더러 한 사진만 오래도록 바라보는 사람들이 있는데, 아마도 사진 속 주인공의 친지들이 아닌가 싶다.

 어느 젊은이의 사진 앞에 못 박힌 듯 서서 지그시 눈을 감고 움직일 줄 모르던 노인의 모습이 지금도 기억난다. 과연 어떤 사연일까. 감히 물을 용기가 나지 않았다. 우리에게는 그저 어느 도시의 추모관일 뿐이지만, 그들에게는 평생토록 지울 수 없는 뼈아픈 삶의 한 부분일 수 있기에 단지 호기심만으로 그 아픈 기억을 다시 불러낼 수는 없었다.

박물관을 겸하는 도미니코 수도원

두브로브니크 여정을 며칠로 잡았느냐에 따라 스폰자 궁 앞에서 발길이 달라진다. 하루만 서둘러 보고 갈 계획이라면 궁을 나와 로크룸 부두로 빠지는 길을 통해 부두를 구경한 뒤 다른 쪽 문으로 들어와 통치자 궁, 성모승천 성당과 군둘리체바 광장을 둘러보고 성벽을 보는 것이 좋다. 그렇지 않고 2~3일 둘러볼 여유가 있다면 스폰자 궁을 나와 시계탑 옆 샛길로 접어들자. 플로체 게이트 방향으로 올라가면 길이 Y자로 갈라지는 부분에 도미니코 수도원 및 박물관 Dominican Monastery & Museum이 있다.

도미니코 수도원을 향해 가다 보면 오른쪽에 성벽 투어를 할 수 있는 두 번째 입구가 있다. 마치 작은 쪽문처럼 생겨서 의외로 이곳을 찾지 못하고 지나치는 사람들이 많은데 시계탑에서 얼마 떨어져 있지 않다. 얼핏 보면 쪽문에 사람이 보이지 않아 공짜로 들어가는 곳인 줄 알고 올라가는 사람들이 더러 있는데, 절대 공짜가 아니다. 계단을 조금만 올라가면 입장권을 확인하는 사람이 지키고 있다.

이곳에 성벽에 오를 수 있는 두 번째 입구를 만들어놓은 이유는 약 2킬로

ROUTE 4   아드리아 해의 진주 두브로브니크

미터에 이르는 성벽을 한 바퀴 도는 게 힘에 부친 사람들이 중간에 내려올 수 있도록 하기 위해서다. 또 시계탑이나 로크룸 부두 쪽에 있는 사람들이 편하게 성벽에 오르도록 하기 위한 배려도 포함돼 있다. 이 길을 선택하지 않았다면 필레 게이트까지 스트라둔 대로를 걸어 내려가야 성벽 투어를 할 수 있다.

성벽 투어를 할 수 있는 두 번째 문. 옆에 입장 시간을 알리는 금속 안내판이 붙어 있다.

1225년에 공사를 시작해 15세기에 완공된 도미니코 수도원은 아드리아 해안가에서 가장 큰 고딕-르네상스 양식의 건물로 유명하다. 특이하게 한 건물에 여러 양식이 섞인 경우는 많지 않다. 통일성이 떨어지기 때문에 일부러 그렇게 건축하는 경우는 드물고, 재난이나 전쟁 등으로 건물 일부가 파괴돼 다시 증축할 경우에 섞이게 된다.

도미니코 수도원도 물론 재난을 당하긴 했지만 이 건물은 건축 기간이 길어져서 두 가지 양식이 섞이게 되었다. 수십 년 이상 걸려 건물을 짓다 보니 고딕과 르네상스 스타일이 섞였고, 1667년 대지진으로 파괴된 뒤 복구하면서 바로크 양식까지 가미되었다.

또 한 가지 특이한 것은 비빔밥처럼 섞인 다양한 양식만큼이나 용도 또한 다양하다는 점이다. 이곳은 수도원과 요새 역할을 겸했다. 부두와 성벽에 가깝다 보니 어쩔 수 없이 취해진 조치였다. 그래서 수도원치고는 유난히 벽이 두껍다. 적의 함포 공격을 받아도 무너지지 않도록 하기 위해 두껍게 만든 것

도미니코 수도원. 옆쪽 계단을 통해 들어갈 수 있다.

ROUTE 4   아드리아 해의 진주 두브로브니크

이다. 게다가 도미니코 수도원은 종교 시설과 요새뿐 아니라 박물관 역할도 한다. 귀중한 고문서들과 그림들이 수도원 안에 가득하다. 수도원 부속 도서관에 기계식 출판이 아닌 손으로 내용을 직접 그린 원본들과 11세기 성경 및 고문서 등 귀중한 220여 권의 문서 자료가 보관돼 있다.

계단을 올라가서 입장권을 구입한 뒤 안으로 들어가면 건물 입구부터 범상치 않다. 커다란 팔각형 홀이 있고 세 개의 고딕식 아치가 높은 천장을 받치고 있다. 남쪽으로 향한 현관은 로마네스크 양식으로 장식되었으며, 1419년에 고딕 양식의 아치를 덧붙였다.

내부는 르네상스 양식의 벽감과 석조 설교단 등 화려하게 장식돼 있으며 왕관 모양의 수조 등이 눈에 띈다. 주 제단에는 베네치아의 화가 파올로 베네치아노가 1314년에 만든 십자가가 높이 걸려 있다. 우아한 회랑은 15세기 피렌체 출신 건축가인 마사 디 바르톨로메오가 설계했으며, 제단에는 크로아티아를 대표하는 화가인 블라호 부코바치가 그린 거대한 제단화가 걸려 있다. 그리고 동쪽 동에는 니콜라 보지다레비치, 도브리치 도브리체비치, 미하일로 함지치 등의 인상적인 그림들이 전시돼 있으니 놓치지 말아야 한다.

정원으로 나가면 장식들이 많이 있으며 특이한 모양의 우물이 있다. 뿐만 아니라 두브로브니크 출신의 유명인들도 이곳에 안장돼 있다.

입장권은 입구에서 구입할 수 있는데, 일인당 20쿠나다. 5~10월은 오전 9시부터 오후 6시까지, 11~4월은 오후 5시까지만 운영한다.

두브로브니크의 동대문, 플로체 게이트

플로체 게이트와 레벨린 요새. 플로체 게이트에도 바깥쪽 문 위에 수호성인 성 블라시오의 상이 놓여 있다.

    도미니코 수도원을 나와 길을 따라 북쪽으로 조금만 올라가면 자연스럽게 성문으로 이어진다. 이곳이 바로 성의 동쪽 문인 플로체 게이트Ploće Gate다. 필레 게이트가 우리의 서대문이라면, 플로체 게이트는 동대문이다.

    플로체 게이트를 나서면 왼편에 솟아 있는 성채가 보인다. 바로 레벨린 요새Fort Revelin다. 특이하게도 이곳에는 클럽 레벨린이라는 레스토랑이 있다. 즉 과거의 요새를 그대로 레스토랑으로 활용한 곳이다. 성수기인 여름에는 식당으로 운영하며 비수기인 겨울에는 식당 겸 클럽으로 바뀐다.

    계단을 올라가 클럽 레벨린 내부로 들어가 보면 자연스럽게 요새의 돌벽을 살린 높은 천장 아래 테이블이 놓여 있고, 천장에는 클럽용 조명시설이 설치돼 있다. 음식은 주로 파스타와 샐러드, 생선요리, 양고기와 쇠고기 스테이크 등을 파는데 가격은 메인 요리의 경우 65쿠나 정도 한다.

    꽤나 유명한 곳인데 음식 맛은 호불호가 갈릴 듯싶다. 특히 염소젖을 이용해 만든 치즈와 양고기 요리 등은 잘 먹지 못하는 사람들도 있다.

    레벨린 요새는 부두를 한눈에 내려다볼 수 있어 전망이 좋기로 유명하다.

예전에 대포가 놓여 있었던 레벨린 요새 앞에서 로크룸 부두를 바라본 풍경

굳이 요새까지 올라가지 않더라도 요새 앞에 펼쳐진 뜰에서도 부두를 충분히 내려다볼 수 있다.

  그곳에서 부두를 바라보면 요새를 만든 이유를 절로 알 수 있다. 부두 전체가 손에 잡힐 듯 눈에 들어온다. 따라서 외부에서 침입해 들어오는 선박들을 충분히 포격할 수 있는 위치다. 그만큼 플로체 방향의 탁 트인 바다나 요트가 빼곡히 들어찬 부두를 배경으로 사진 찍기에 좋은 곳이다. 여기서 나무로 만든 도개교를 건너 조금만 올라가면 반예 해변 $^{Banje\,Beach}$으로 나갈 수 있다.

클럽 레벨린 입구

TIP

두브로브니크의 여름축제

두브로브니크의 여름축제는 7월부터 8월까지 약 5주에 걸쳐 진행된다. 이 기간 동안 연극, 공연, 연주회 등 다양한 프로그램이 실내와 실외에서 개최된다. 연극은 주로 셰익스피어의 작품이나 그리스 비극 위주로 진행되며 세계적인 유명 예술가들이 참여하기도 한다. 가격은 공연에 따라 다른데 50~300쿠나 정도 한다.

유료 공연을 보려면 사전에 예약해야 한다. 오프라인 티켓은 스트라둔 대로의 시계탑 앞 티켓 판매대에서 보통 공연 시작 한 시간 전부터 판매한다. 온라인 티켓은 축제 홈페이지(www.dubrovnik-festival.hr)에서 예약하면 된다.

차 렌트하기

두브로브니크에서 며칠 묵는다면 차를 빌려서 돌아다닐 수 있다. 차량 대여점들은 플로체 게이트를 통과해 반예 해변 쪽으로 가다 보면 도로변에 있다. 소형차부터 일반 승용차까지 다양하며 스쿠터도 빌려준다. 이동 거리가 멀지 않다면 기동성 좋은 스쿠터도 괜찮다. 가격은 다양하다.

스쿠터 | 1~3일 30유로, 4~7일 25유로, 8일 20유로

2인승

시트로엥 C1 | 1~3일 50유로, 4~7일 45유로,
    8일 40유로
피아트 | 1~3일 70유로, 4~7일 65유로, 8일 60유로

3~4인 이상

오펠 벡트라 | 1~3일 90유로, 4~7일 85유로,
    8일 80유로
BMW7 | 1~3일 280유로, 4~7일 260유로,
    8일 240유로

두브로브니크의 하이라이트, 성벽 투어

두브로브니크의 하이라이트는 돌을 쌓아서 만든 높다란 성벽 위에 올라가 성을 따라 한 바퀴 도는 성벽 투어다. 무엇이 대단할까 싶지만 막상 올라가보면 아래에서 볼 때와 또 다른 그림 같은 세계가 펼쳐진다.

문득 "높이 나는 새가 멀리 본다"는 리처드 바크의 소설 『갈매기의 꿈』에 나오는 유명한 문장이 생각난다. 멀리 보이는 것은 물론이고, 높이 올라가니 확실히 다르게 보인다. 그러니 망설이지 말고 성벽에 오르자.

성벽 투어 티켓

두브로브니크 관광의 백미는 성벽 투어다. 약 2킬로미터에 이르는 성벽을 두 시간 남짓 돌 수 있다.

위에서 내려다봤을 때 완벽한 중세 시대 요새의 모습을 그대로 간직하고 있는 성은 그 자체가 박물관이다. 오밀조밀한 골목길과 붉은 바다 같은 지붕들, 푸른 바다 멀리 보이는 수평선까지 그야말로 장관을 이룬다.

ROUTE 4 　 아드리아 해의 진주 두브로브니크

그래서 성벽 투어를 하지 않으면 두브로브니크를 다녀왔다는 소리를 하기 힘들 만큼 성벽 투어는 두브로브니크 관광의 메인 코스다. 일 년 내내 성벽에는 관광객들의 발길이 끊이지 않는다.

두브로브니크 성벽은 13~16세기에 축조되었는데, 아직도 손상되지 않고 온전하게 남아 있다. 성벽이 처음 세워진 것은 13세기였으며, 14세기 중반에 방어를 위한 보강 공사로 성벽이 1.5미터 더 두꺼워졌다.

15세기에 오스만튀르크의 공격을 막아내기 위해 요새가 추가돼 지금의 구시가지를 감싸는 높이 25미터, 길이 2킬로미터(정확히는 1,940미터)의 성벽이 완성되었다. 벽의 두께는 가장 두꺼운 내륙 쪽이 6미터, 해안 쪽은 1.5~3미터가량 된다.

성벽에는 5개의 요새와 16개의 탑이 있다. 이 중에 민체타 탑으로 부르는 민체타^{Minčeta}와 보카 탑으로 통하는 보카^{Bokar}, 성 요한 요새$^{Tvrdava\ Sv\ Ivan}$(영어로 St John's Fort)는 성벽에 붙어 있으며, 나머지 두 개인 로브리예나츠^{Lovrijenac} 요새와 레벨린^{Revelin} 요새는 성 바깥에 있다.

도시의 북쪽 끝에 있는 둥근 민체타 탑은 내륙 쪽의 침공을 감시하는 역할을 했으며, 서쪽 절벽 위에 외따로 서 있는 로브리예나츠 요새는 육지와 바다 쪽에서 쳐들어오는 적을 동시에 살폈다. 남서쪽에 있는 보카 탑은 바다 쪽에서 필레 게이트를 지켰고, 레벨린 요새는 동쪽 출입구인 플로체 게이트를 보호했다. 거대한 성 요한 요새는 로크룸 부두를 수호하는 역할을 했다.

성벽 투어는 4~10월의 경우 오전 9시부터 오후 6시 30분까지 입장할 수 있으며, 11~3월에는 오전 10시부터 오후 3시까지만 입장이 가능하다. 한 바퀴 도는 데 걸리는 시간은 여기저기 포인트에서 사진도 찍고 충분히 구경할 경우 2시간 30분 정도 걸린다.

여름축제 기간에는 성벽 투어를 오전과 저녁에 하는 게 좋다. 오전에는 10시 이전에 오르는 게 사람도 많지 않고 덜 덥다. 저녁에는 5시쯤 오르면 적당히 석양도 보고 찌는 듯한 더위도 피할 수 있다. 한낮에는 워낙 햇살이 강해 살이 홀라당 익는다. 관광도 좋지만 일부러 고통을 찾아다닐 필요는 없다.

성벽 투어는 이왕이면 두 번 정도 하는 게 좋다. 한창 볕이 좋은 오전에 한 번 보고 일몰에 맞춰 저녁때 돌아보면 빛의 차이가 너무도 오묘해 눈물이 날 만큼 아름답다. 오전과 저녁때 찍은 사진은 빛이 달라서 같은 장소여도 분위기와 느낌이 색다르다. 그래서 시간을 나눠 오전과 오후에 성벽을 오르고 한낮에는 성 안쪽 건물들을 구경하며 더위를 피하는 게 경제적이며 요령껏 두브로브니크를 구경하는 방법이다.

성을 오를 때는 사전에 반드시 음료수를 준비하는 게 상책이다. 성벽 위에 휴게소 겸 가게가 두 군데 있긴 하지만 음료수 가격이 성 바깥의 슈퍼마켓보다 두 배쯤 비싸다. 특히 여름에는 날이 더우니 귀찮더라도 음료수 한 병씩 들고 오르는 게 좋다. 아울러 햇볕이 너무 강하니 선글라스와 선블록, 모자를

필레 게이트 쪽 성벽 위에서 스트라둔 대로를 내려다본 모습

성벽 투어를 두 번 해야 하는 이유가 있다. 같은 스트라둔 대로 풍경이 저녁에는 이렇게 달라진다.

ROUTE 4 　 아드리아 해의 진주 두브로브니크

챙기는 것도 잊지 말아야 한다.

더불어 발이 편한 신발을 신도록 하자. 딱딱한 돌바닥을 2킬로미터 가량 돌아야 하니 하이힐이나 발을 옥죄는 신발은 되도록 피하는 게 좋다. 특히 비가 자주 오는 비수기에는 잘 미끄러지지 않는 밑창을 댄 신발을 신는 게 안전하다. 비가 오면 돌이 얼음장처럼 미끄럽게 변해서 구두나 하이힐을 신고 갔다가 잘못해서 미끄러지면 돌바닥인 만큼 다칠 수 있다. 특히 비오는 날은 성벽 위에서 절대로 뛰면 안 된다. 잰걸음으로 걷다가 미끄러져 골탕을 먹는 사람을 여럿 봤다.

성벽에 올라가려면 일인당 70쿠나를 내고 입장권을 사야 한다. 입장권은 필레 게이트로 들어오면 나타나는 오노프리오 샘 앞에 위치한 사무실에서 판다. 신용카드로도 구입할 수 있다.

성벽을 오르는 출입구는 세 군데가 있다. 사람들이 가장 많이 몰리는 입구는 필레 게이트를 들어서자마자 왼편에 서 있는 성 그리스도 교회 바로 옆이다. 오노프리오 샘과 마주보는 위치다. 사람들이 많이 몰리는 여름축제 기간에는 창살 문 앞에 입장권을 받는 사람이 있으니 쉽게 찾을 수 있다.

또 다른 출입구는 스트라둔 대로 끝까지 올라가서 스폰자 궁 옆의 샛길을 통해 플로체 게이트 방향으로 올라가다 보면 나오는, 도미니코 수도원 맞은편에 있는 성 루크 교회 St Luke's Church 옆 쪽문이다. 쪽문으로 들어가 계단으로 올라가면 된다. 필레 게이트 쪽 출입구에 사람들이 많다면 이곳으로 오르는 것도 한 가지 방법이다.

마지막 출입구는 로크룸 부두 쪽 성 요한 요새의 해양박물관을 향해 올라가다 보면 나오는 계단이다. 여기서 성벽으로 올라갈 수 있다.

성벽 투어를 할 때는 시계 반대 방향으로 도는 것이 원칙이다. 나중에 민체타 탑을 거쳐 내려오는 길이 내리막이어서 수월하기 때문이다. 산을 바라본 북쪽이 높고, 바다를 향한 남쪽은 상대적으로 얕은 만큼 시계 반대 방향으로 돌아야 초반에 지치지 않는다.

입장권을 내고 계단을 올라가면 탁 트인 스트라둔 대로가 발아래로 길게 뻗어 있다. 그 위로 잘 익은 연시 같은 붉은 지붕들이 물결처럼 넘실거린다. 그런데 가만히 보면 색깔이 고르지 않다. 불타는 듯한 진홍색이 있는가 하면, 연한 주황색도 있고 빛바랜 노란색 지붕도 보인다.

여기에는 사연이 있다. 1991년 내전 당시 세르비아에서 쏜 포탄이 떨어지면서 많은 지붕이 손상되었다. 원래는 빛바랜 주황색과 노란색이 많았는데, 부서진 지붕을 교체하면서 진한 붉은빛의 바다가 되었다. 그만큼 피해를 입은 집들이 많았다는 뜻이다.

성벽은 가운데에 사람이 다닐 수 있는 길이 뚫려 있고, 길을 중심으로 성 바깥쪽에는 평균 가슴 높이, 성 안쪽에는 평균 허리 높이의 벽이 있다. 바다를 향한 바깥쪽 벽은 외부를 향해 45도가량 경사가 져 있다. 보초를 서는 병

필레 게이트 쪽 성벽 위에서 루자 광장의 시계탑을 바라본 풍경

사들이 내려다보기 쉽게 하기 위해서다.

여기서 시계 반대 방향으로 걸어가면 바다 쪽 끝에 툭 튀어나온 부분이 있는데 이곳이 바로 즈브예즈단^{Zvjezdan}으로 불리는, 남서쪽 방어를 맡은 요새인 보카 탑이다. 마치 해자를 감싸듯 돌출된 보카 탑에서 보면 필레 게이트와 해자가 한눈에 내려다보인다. 필레 게이트 위에도 대포가 한 문 놓여 있다.

더불어 탁 트인 바다 쪽도 볼 수 있어 침입자를 감시하기에 최적의 장소다. 실제로 필레 게이트를 공격하는 적을 격퇴할 수 있도록 요새 벽에는 여기저기 총을 쏠 수 있는 총안이 뚫려 있다. 이곳에서 내려다보면 철옹성 같은 두브로브니크 공략이 쉽지 않았을 것이란 짐작이 간다.

보카 탑 건너편을 보면 파도가 철썩이는 37미터 높이의 바위 절벽이 있고, 그 위에 요새가 있다. 바

남서쪽 방어를 맡은 보카 탑
보카 탑과 마주보고 있는 로브리예나츠 요새

로 서쪽 끝의 첨병인 로브리예나츠 요새다. 보카 탑과 마주보고 있는 이곳은 해안가의 작은 마을과 항구를 보호하기 위해 건축되었다. 최초의 공식 기록은 1301년에 요새가 들어선 것으로 돼 있으나 그보다 더 일찍 공사가 시작된 것으로 알려져 있다.

일설에 따르면 베네치아 공화국에서 여기에 요새를 지으려는 낌새를 눈치 채고 두브로브니크 사람들이 먼저 요새를 지어서 삼 개월 만에 완성했다고 한다. 그만큼 이곳은 두브로브니크의 생존과 자유를 상징한다.

이 요새 꼭대기는 여름축제 기간에 셰익스피어의 작품들을 상영하는 야

성벽을 시계 반대 방향으로 도는 이유가 있다. 남쪽에 오르막이 많기 때문에 초반에 지치지 않았을 때 오르막을 가기 위해서다.

ROUTE 4 　아드리아 해의 진주 두브로브니크

외극장으로 돌변한다. 이곳에서 다니엘 데이 루이스 같은 유명 배우들이 비운의 햄릿을 연기하기도 했다. 장엄한 푸른 바다와 타오르는 듯한 붉은 성채를 배경으로 펼쳐지는 비극은 분위기에 힘입어 절로 비장미가 더해진다.

요새를 가보려면 성에서 나가 바닷가 마을을 관통해 따로 올라가야 한다. 요새 꼭대기에 오르려면 역시 입장권을 별도로 구입해야 하는데, 당일 성벽 투어 입장권을 갖고 있다면 따로 끊지 않아도 된다. 입장권을 받는 장소 바로 앞까지 올라가서 건너다보면 성과 보카 탑, 필레 게이트가 내려다보인다. 보카 탑과 로브리예나츠 요새는 편자 모양으로 마주보고 있으며, 가운데의 만처럼 움푹 파인 곳은 저절로 바닷물을 가둬 작은 부두와 물놀이 터를 겸하고 있다.

성벽은 바다 절벽을 그대로 살려서 지었기 때문에 오르막과 내리막이 있다. 그래서 성벽을 돌다 보면 계단을 따라 올라가거나 내려가야 한다. 성벽의 남쪽 구역에는 군데군데 감시탑과 돌출 부분이 마련돼 있고 이곳에서 바다를 향해 포격할 수 있도록 포대가 설치돼 있다. 당시 쓰던 대포의 일부가 지금도 전시돼 있다. 이곳에서 외벽을 짚고 내려다보면 까마득한 높이에 눈앞이 아찔해진다.

보카 요새를 지나 오르막길을 거의 다 오른 뒤 성 안쪽을 내려다보면 부서진 집들이 보인다. 바로 내전 때 포격으로 무너진 집들이다. 부서진 잔해를 그대로 놓아둬 전쟁의 참상을 전하고 있다. 부서진 집들은 남쪽 성벽을 돌다 보

내전 당시 포격을 맞아 부서진 집의
잔해들을 그대로 놓아두었다.

ROUTE 4 아드리아 해의 진주 두브로브니크

면 성 안쪽에서 몇 군데 더 볼 수 있다.

남쪽 성벽으로 접어들어 내려가다가 성벽 아래를 보면 흰 파라솔들이 보일 것이다. 바로 여기가 두브로브니크 성에서 유명한 부자^{Buža} 카페다. 부자 카페는 두 군데인데 부자 카페2로 통하는 나머지 하나는 좀 더 내려가야 한다.

카페 이름인 부자는 돈이 많다는 뜻의 부자가 아니라 크로아티아 말로 드나드는 통로나 문, 구멍을 뜻한다. 그래서 성의 북문을 부자라고 부른다.

부자 카페가 유명한 이유는 바다 위 절벽에 카페를 지었기 때문이다. 성벽에서는 갈 수 없고, 성 안으로 내려가서 남쪽 길로 접어들어 걷다가 보면 부자 카페로 이어지는 출구가 나온다.

절벽 위에 카페가 있다 보니 저녁때 바다 위로 해가 떨어지는 일몰 장면이 장관이다. 그 시간에는 카페에 앉을 자리가 없다. 원체 크지도 않지만, 일몰을 보고 싶어 미리부터 진을 치고 기다리는 사람들이 많기 때문이다.

메뉴에 특별히 맛있는 음식이나 별미는 없다. 오로지 풍경 하나로 이름을 떨치는 곳이다.

카페에 앉아 있다 보면 바위 절벽 위에서 심심찮게 다이빙을 하는 사람들을 볼 수 있다. 카페에서 바다로도 곧장 이어지기 때문에 물놀이를 하는 사람들이 젖은 채로 그대로 올라와 카페에 앉기도 하니, 의자에 앉기 전에 젖지 않았는지 미리 손으로 살펴보는 게 좋다.

다이빙 하려고 절벽을 아슬아슬하게 오르는 사람들

절벽 위에 매달리듯 지은 부자 카페1

부자 카페2. 부자 카페는 두 군데가 있다. 부자 카페2는 좀 더 남쪽으로 내려가야 한다.

부자 카페는 두 군데 모두 성벽에서는 갈 수 없고, 성 안쪽에 입구가 있다.

ROUTE 4 아드리아 해의 진주 두브로브니크

남쪽 성벽을 걷다 보면 중간쯤에 음료수를 파는 곳이 나온다. 음료수를 미처 준비하지 못했다면 비싸지만 여기서 목을 축이고 가자. 갈 길이 멀다. 더불어 성벽 위에서는 이곳에 유일한 화장실이 있으니 볼일도 해결하자. 둘러보면 알겠지만, 나중에 급히 화장실에 갈 일이 생겨도 중간에 내려갈 수가 없다. 무조건 세 군데 출입구까지는 가야 하니, 이곳에서 화장실에 미리 들르는 게 좋다.

휴게소를 지나 성벽을 돌다보면 건너편에 섬이 보인다. 바로 사랑과 평화의 섬인 로크룸 섬이다. 사랑과 평화의 섬이라고 표현한 이유는 유럽에서 흔히 만날 수 있는 누드 비치가 이곳에 있기 때문이다.

당연히 성 쪽에서는 보이지 않고 반대편에 있다. 누드 비치를 가려면 로크룸 부두에서 배를 타고 가야 한다. 로크룸 섬으로 가는 배는 부두에 자주 있으니 언제든 보고 싶을 때 가보면 된다.

남쪽 성벽을 끝까지 돌아 로크룸 부두가 안뜰처럼 둘러싸인 곳에 도달하면 절반쯤 온 것이다. 이곳에 부두 입구를 마치 문처럼 막아선 돌출부가 있다. 뮬로 탑 Mulo Tower 으로도 불리는 성 요한 요새 St. John's Fort, 즉 세인트 존 요새다.

성벽을 돌다보면 남동쪽에서 만날 수 있는 비교적 넓은 공간인 이곳은 탑처럼 쌓아올린 사각형 건물이다. 역시 부두를 보호하고 바다 쪽에서 쳐들어오는 적을 차단하기 위해 1346년에 만든 요새로, 14세기에 건설돼 16세기에

성벽 위에 설치된 대포 너머로
보이는 로크룸 섬

마치 부두를 가로막듯 보호하고 있는
성 요한 요새

로크룸 부두 끝 쪽에 서 있는 야트막한
붉은 등대 포포렐라

완공되었다. 이곳에는 해양박물관과 아쿠아리움이 자리 잡고 있다. 해양박물관과 아쿠아리움은 꼭 성벽에 오르지 않아도 볼 수 있으니 나중에 시간을 내서 봐도 된다.

요새 아래 부두 끝에는 포포렐라^{Porporela}라고 부르는 붉은색 등대가 서 있다. 이곳은 연인들의 만남의 장소로 널리 쓰인다. 낮에도 예쁘지만 밤에 가보면 건너편 내륙 쪽에 전등 불빛이 바다에 비쳐 일렁이면서 마치 고흐의 그림 같은 풍경을 연출한다. 포포렐라 등대 쪽에서는 동쪽 출입구 방어를 맡은 레벨린 요새의 모습도 온전히 볼 수 있다.

성 요한 요새에서도 로크룸 부두의 풍경이 한눈에 들어온다. 부두에 정박한 다양한 배들과 사람들로 북적이는 식당 등 부두의 활력이 고스란히 느껴진다. 더러 휴일에는 이곳에서 결혼식 사진촬영을 하러 나온 신혼부부들을 볼 수 있다.

특히 성 요한 요새에서 부두를 지나 플로체 게이트로 향하는 성벽에서는 또 다른 두브로브니크 성의 모습을 볼 수 있다. 처음 올라온 필레 게이트와는 정반대 방향이어서 같은 성 안이어도 다른 분위기를 풍긴다. 특히 종탑과 어우러진 붉은 지붕들의 바다는 이국적인 풍광을 만들어낸다.

부두 위를 지나 플로체 게이트로 향하다 보면 성벽 중간쯤 높이에 레스토랑이 하나 있다. 이곳이 성벽 레스토랑으로 유명한 '길$^{Gil's}$'이다. 고급스런 퓨전 레스토랑으로, 음식 값은 비싸지만 시원한 바닷바람을 맞으며 부두를 내

성벽 위에서 내려다본 로크룸 부두. 중세 시대의 범선 모양의 배는 관광객들을 태우고 일대를 도는 일종의 유람선이다.

마치 물 위에 뜬 것처럼 성벽 중간 높이에 위치한 레스토랑 길Gil's

16세기에 지어진 레벨린 요새. 당시 가장 강력한 도시 수호자였다.

ROUTE 4 아드리아 해의 진주 두브로브니크

려다볼 수 있어 연인들이 한껏 분위기 잡기에 좋은 곳이다.

길 레스토랑은 성벽 투어를 하는 사람들에게도 좋은 볼거리를 선사한다. 마치 부두 위에 떠서 식사를 하는 듯한 사람들의 모습이 재미있다. 성벽 위에서 보면 아주 가까이 있어 무슨 음식을 먹는지 다 보인다.

플로체 게이트 위에 이르면 동쪽 문과 연결된 길에 자리 잡은 레벨린 요새가 보인다. 16세기 중반 내륙에 축조한 커다란 요새인 이곳은 나무로 만든 도개교를 통해 플로체 방향과 연결되고, 돌로 만든 다리를 통해 올드타운 성과 연결된다.

레벨린 요새는 해상강국인 베네치아 공화국의 배들이 자주 출몰하자 이들을 감시하기 위해 지었다. 요새 건설에는 튀르크 해적들에 맞서 한 시대를 풍미했던 제노바의 해군 제독 안드레아 도리아$^{Andrea\,Doria}$도 일조했다. 베네치아를 견제하기 위해 안드레아 도리아가 보낸 건축가가 이곳의 설계를 도왔다고 한다.

여름축제 기간에는 레벨린 요새 내부나 앞에서 두브로브니크 심포니 오케스트라가 연주회를 하기도 한다.

이제 플로체 게이트 쪽에서 필레 게이트 방면으로 꺾어지면 성벽 위의 하이라이트 코스가 나온다. 성의 북쪽에 해당하는 이 부분이 두브로브니크 성 안 모습을 가장 아름답게 찍을 수 있는 곳들이다.

특히 여름철에는 파도치듯 펼쳐진 붉은 지붕들의 물결 너머로 짙푸른 바다와 구름 한 점 없는 새파란 하늘이 어우러져 대충 찍어도 엽서 같은 사진들이 나온다. 특히 높은 곳에서 내려다보고 찍으면 유럽 다른 지역에서는 볼 수 없는 두브로브니크만의 독특한 풍경들을 담을 수 있다.

그래서 북문인 부자 게이트 위를 지나다 보면 여기저기에서 연신 사진 찍기에 바쁜 사람들 때문에 곧잘 지체된다. 그만큼 아름다운 풍광을 카메라에 담을 수 있는 뷰포인트가 많은 곳이다.

북쪽 성벽에서 내려다본 두브로브니크 성. 어디에서 찍어도 모두 그림엽서다.

부자 게이트에서 북쪽을 보면 멀리 케이블카가 오르는 스르지 산이 보인다. 이 산과 마주보고 있는 둥근 원통형의 돌출 탑이 민체타 탑이다. 원래는 요새인데 탑처럼 높다 보니 탑이라고 부른다. 민체타 탑까지 왔으면 성벽 투어가 막바지에 접어들었다는 뜻이다.

북쪽 방어의 첨병인 민체타 탑은 두브로브니크 성곽에서 가장 높은 요새로, 1319년 니치포르 라니나 Nichifor Ranjina가 각이 진 하단을 먼저 설계한 뒤 피렌체의 유명 건축가인 미켈로조 미켈로지Michelozzo Michelozzi 등 후세 사람들이 탑을 쌓아올렸다. 덕분에 이곳은 르네상스 시대 건축물의 걸작으로 꼽힌다.

민체타 요새는 사실상 두브로브니크 방어의 상징 같은 곳이어서 여름축제 기간을 제외하고는 크로아티아 국기와 두브로브니크 시 깃발이 항상 나부낀다. 여름축제 기간에는 자유를 상징하는 축제의 깃발이 대신 게양된다.

두브로브니크 성에서 가장 높은 민체타 탑. 좁고 가파른 계단을 걸어 올라가면 성을 시원하게 내려다볼 수 있다.

ROUTE 4 아드리아 해의 진주 두브로브니크

민체타 탑 꼭대기에 오르려면 좁은 계단을 올라가야 한다. 여름 휴가철에 사람들이 몰리면 탑 꼭대기에 올라가기 위해 한참을 기다려 줄서서 올라가야 한다. 그래도 올라가볼 가치가 있다. 계단 중간에 책자와 의류, 액세서리 등을 파는 기념품 판매점과 카페가 있다.

계단을 올라가 정상에서 내려다보면 탁 트인 바다와 더불어 물 위에 뜬 붉은 성채 같은 두브로브니크 성을 한눈에 내려다볼 수 있다. 그리고 보니 두브로브니크도 우리네 풍수지리처럼 배산임수背山臨水, 즉 산을 등진 채 물을 끼고 자리를 잡았다.

탑 꼭대기에서 두루 휘돌아본 뒤 필레 게이트 방면으로 올라왔던 계단을 내려가면 성곽 투어는 마무리된다.

여름축제 기간에 성곽 투어를 마쳤다면 무척 덥고 지칠 수밖에 없다. 오노프리오 샘 근처에서 땀도 닦고 적당히 휴식을 취한 뒤 두브로브니크의 명물인 아이스크림을 맛보자. 아무래도 날이 덥다 보니 아이스크림을 많이 사먹어서 두브로브니크 성 안에는 아이스크림 가게가 여러 군데 있다.

그중에서 꼭 가볼 만한 곳이 두 군데 있다. 우선 오노프리오 샘 바로 앞에 있는 '폰타나Fontana'라는 아이스크림 가게가 유명하다. 찾기도 쉽다. 샘 바로 앞에 아이스크림 콘 모양이 커다랗게 붙어 있고, 아이스크림을 판매하는 청년이 카테일 셰이킹을 하듯 아이스크림을 던졌다 받는 등 재주를 부리기 때

민체타 탑에서 내려다본 두브로브니크 성.
푸른 바다와 주황색 지붕이 절묘하게 조화를 이룬다.

ROUTE 4   아드리아 해의 진주 두브로브니크

문이다. 이 청년은 여러 나라 말을 조금씩 하는데 신기하게도 우리말도 몇 마디 한다. 가격은 콘 한 개당 10쿠나다.

거기서 스트라둔 대로를 조금만 걸어 올라가면 오른편에 있는 '키위Kiwi'라는 아이스크림 가게도 유명하다. 과거에는 콘 한 개당 7쿠나로 다른 곳보다 약간 쌌는데, 지금은 가격을 올렸다. 입맛에 따라 맛이 다를 테니 차이를 느껴보고 싶다면 두 개 모두 먹어보는 수밖에 없다.

오노프리오 샘 앞에 있는 아이스크림 가게 폰타나

바다로 향하는 관문, 로크룸 부두

수십 척의 배가 드나드는 로크룸 부두. 커다란 아치가 보이는 건물은 과거에 조선소였는데 지금은 식당으로 바뀌었다.

성벽 투어를 마치고 내려와 스트라둔 대로를 끝까지 올라가면 스폰자 궁과 시계탑 사이에 문으로 나가는 통로가 있다. 이 통로를 지나가면 부두로 통하는 문이 나온다.

이곳이 바로 두브로브니크의 옛 영화를 간직한 중심 항구인 로크룸 부두다. 두브로브니크가 라구사 공화국 시절에 구 항구 Old Port 로 알려진 이곳에서 멀리 서유럽과 아프리카, 중동 지방으로 향하던 무역선들을 띄웠다. 또 각지에서 오가는 배들 또한 이곳에 많이 기항하면서 로크룸 부두는 중계 무역항으로 번창했다.

보기에는 부두가 작아 보여도 수심이 깊어 지금도 페리와 대형 크루즈가 정박하는 등 하루 수십 척의 배가 드나든다. 인근 소도시인 차브타트 행 여객선과 두브로브니크 성 바로 앞에 있는 로크룸 섬을 한 시간 동안 둘러볼 수 있는 배와 두브로브니크 인근을 둘러볼 수 있는 하루짜리 크루즈도 있다.

부두 앞을 테이블로 가득 메운 노천식당과 갖가지 배들, 멀리 대형 유람선도 심심찮게 보여 볼거리를 제공해준다. 특히 밤이면 노천식당에서 벌어지는 라이브 공연의 음악소리를 들으며 부두에 앉아 시원한 밤바람과 함께 야경을 감상하는 맛이 일품이다. 더불어 건너편 연안에 불 켜진 건물들이 고흐의 그림처럼 일렁이는 까만 밤바다의 야경은 필설로 다하기 힘들 만큼 낭만적이고 아름답다.

부두에서 성 요한 요새까지 걸어가 보면 방파제가 있고 그 위에 벤치들이 놓여 있어 편안하게 쉴 수 있다. 이곳에서 내륙 쪽을 건너다보면 플로체 게이트와 레벨린 요새를 지나 더 동쪽으로 붉은 지붕을 이고 있는 기다란 건물이 하나 보인다.

이 건물이 바로 세계 최초의 검역소다. 두브로브니크가 1377년에 세계 최초로 플로체 게이트 바깥쪽에 검역소를 만든 이유는 14세기에 유럽을 휩쓴 흑사병, 즉 페스트 때문이었다. 무역으로 먹고살다 보니 여러 지역을 오가게 되고, 또 여러 지역 사람들이 드나들면서 뜻하지 않은 전염병이 창궐해 골칫거리였다. 특히 흑사병은 유럽 인구를 대폭 줄일 정도로 무시무시했다.

그래서 두브로브니크 사람들은 검역소를 설치하고 병을 앓는 사람이 입국하려 하면 40일간 격리 조치를 취했다. 격리를 뜻하는 'quarantine'이라는 단어가 바로 '40일'을 뜻하는 '콰란타 조르니quaranta giorni'에서 유래한 이유다. 검역소는 지금은 다른 용도로 쓰이며, 특히 여름축제 기간에는 각종 공연이 열린다.

로크룸 부두의 야경. 건너편 불빛들이 물에 어른거려 고흐의 그림 같은 풍경을 만들어낸다. 여름축제 기간에는 음악회 소리가 부두 가득 울려 퍼져 야외 음악당에 앉아 있는 것 같다.

세계 최초의 검역소. 해양박물관 창에서 내다보고 찍으면 마치 그림액자처럼 나온다.

모차르트의
하프시코드가 놓인
통치자 궁

부두를 둘러보고 다시 성 안쪽으로 들어오면 루자 광장이 나온다. 여기서 시계탑을 보고 오른편으로 꺾어지면 구 시청사 건물이 있고 바로 옆에 책을 보며 앉아 있는 동상이 하나 서 있다. 16세기의 극작가이자 크로아티아의 대표적인 문학가로 꼽히는 마린 드르지치의 동상이다.

통치자 궁 티켓

1508년 두브로브니크에서 태어나 1567년 베네치아에서 사망한 마린 드르지치는 극작가이자 시인이었다. 그는 두브로브니크와 이탈리아에서 공부했고, 1541년 시에나 대학의 부총장을 지냈다. 1566년 피렌체에 머무는 동안에는 코시모 메디치에게 라구사 공화국을 타도할 방법을 묻고 도움을 요청했다. 귀족이 아닌 사람도 대접을 받고 나라를 다스릴 수 있는 세상을 만들기 위해서였다. 그는 범우주적인 인간과 사랑, 탐욕 등을 주제로 글을 썼다. 그의 작품으로는 『비너스와 아도니스』, 『타이레니아』 등이 널리 알려져 있다.

드르지치 동상을 지나치자마자 바로 옆에 붙어 있는 건물이 바로 통치자

통치자 궁. 시계탑을 등지고 조금만 올라가면 나온다.

16세기 크로아티아의 대표적인 문학가인 마린 드르지치의 동상

궁이다. 오노프리오 샘을 만든 이탈리아 나폴리 출신의 건축가 오노프리오 데 라 카바가 설계한 통치자 궁은 과거 라구사 공화국 시절에 이곳을 다스린 통치자가 머물던 곳이다.

　밖에서 보면 고딕식과 로마식이 혼재되어 있는 사각형 건물로, 1667년 대지진으로 심하게 파괴된 뒤 여러 번의 공사를 통해 다양한 건축양식이 뒤섞였다. 여름축제 기간에 직사각형 모양의 안뜰에서 연주회 등이 자주 열린다. 궁이라고는 하지만 요란하거나 거대한 성은 아니고 소박한 3층 높이의 기다란 건물이다. 1, 2층은 스폰자 궁처럼 열주가 늘어선 가운데 르네상스식 창문을 갖추고 있으며 3층은 고딕식으로 지어졌다. 꼭대기에는 변함없이 두브로브니크의 수호성인인 성 블라시오의 조각상이 서 있다.

　안뜰에는 미호 프라차트 Miho Pracat 의 조각상이 있다. 평범한 시민이었던 그는 꽤나 많은 재산을 모았는데, 전 재산을 공화국에 기부해 1천 년 전 살았던 평민 가운데 유일하게 존경받는 인물이다. 공화국은 그의 업적을 기리기 위해 1638년 조각상을 만들었다.

　궁 안에는 통치자를 위한 집무실과 개인 침실, 영접실 및 사무실이 있다. 특히 루이 16세의 스타일로 꾸민 로코코 홀이 유명하다.

미호 프라차트의 동상

재미있는 사실은 통치자 궁은 통치자 집무실이면서 감옥을 겸했다는 점이다. 그래서 안뜰 한쪽에 쇠로 만든 작은 문이 있는데 바로 감옥이다.

통치자 궁이 죄수에게만 감옥인 것은 아니었다. 이곳을 다스리는 통치자에게도 감옥이었다. 통치자는 40세 이상의 귀족들을 대상으로 선거를 통해 뽑았는데, 일 개월의 임기 동안 의회의 허가 없이는 궁 밖으로 나갈 수 없었다. 영락없는 감옥살이였던 것이다.

한 사람에게 권력이 집중되는 것을 막기 위해 임기를 한 달로 정하다 보니 매년 열두 명의 통치자가 나왔다. 통치자는 필레 게이트 등 성문의 열쇠를 매일 밤 보관했다가 아침에 내어주는 일도 했다.

통치자 궁은 오늘날 박물관으로 바뀌었다. 예전 라구사 공화국 시절에 통치차가 쓰던 집기와 가구, 무기류, 그림 등을 볼 수 있다. 입장료를 내고 들어가 보면 눈길을 끄는 볼거리들이 몇 점 있다. 우선 지하에 1991년 크로아티아 내전 당시 포격을 당해 불타고 있는 두브로브니크를 찍은 흑백사진들이 전시돼 있어 처참했던 당시 상황을 엿볼 수 있다.

당시 유럽의 지성들은 세계문화유산이 내전으로 처참하게 망가지는 꼴을 두고 볼 수 없어 인간 사슬을 기획했다. 시 한복판에서 손에 손을 잡고 서 있겠다는 것이었다. 하지만 연방군이 도로를 차단해 접근할 수 없게 되자 이들은 다시 두브로브니크 성 앞 바다에 배를 띄워 포격 저지에 나섰다. 그러나 이 역시 유고 연방 해군의 저지로 성 가까이 다가가지 못하고 멀리서 포격 중

내전 박물관으로 바뀐 통치자 궁의 과거 지하 감옥.
내전 당시 포격 피해를 찍어놓은 흑백사진들이 걸려 있다.

통치자 궁의 내부. 고풍스런 가구들과 그림들이 잔뜩 걸려 있다. 2층으로 오르는 계단 손잡이가 특이하게 봉을 잡고 있는 사람의 손 모양이다.

지를 호소했다.

이 같은 사실이 알려지면서 유럽 각국 정부가 나서서 유고 연방에 두브로브니크에 대한 포격 중지를 재차 요청했고, 유네스코는 총회를 열어 포격 중지를 호소하는 성명을 발표했다. 미국도 대사를 통해 유고 연방에 포격 중지 메시지를 전달했다. 그 정도로 유럽 각국 및 서구는 두브로브니크를 아꼈다.

계단을 통해 2층으로 올라가면 높은 천장 아래 1만 5천여 점의 그림과 가구 등이 전시돼 있어 중세 시대의 생활상을 엿볼 수 있다. 2층 음악 홀에는 귀하디귀한 하프시코드도 놓여 있다. 이 하프시코드는 모차르트가 사용했던 악기다. 그래서 오스트리아의 잘츠부르크에서 열린 모차르트 탄생 250주년 행사에 잠시 빌려주기도 했다.

통치자 궁에 들어가봐야 할 가장 큰 이유는 전시품도 전시품이지만, 괜찮은 그림의 풍경 사진을 찍을 수 있기 때문이다. 안뜰을 둘러싼 독특한 모양의 계단도 사진이 예쁘게 잘 나오고, 2층 창문을 통해 바로 앞 도로 Pred Dvorom 풍경을 내려다보며 찍은 사진들도 괜찮다.

길에서 보는 풍경과 달리 내려다보기 때문에 마주보는 골목 안 풍경과 루자 광장 등이 색다른 느낌으로 다가온다. 입장료는 일인당 35쿠나. 이곳은 성수기인 5~10월에는 오전 9시부터 오후 6시까지 개장하고, 비수기인 11~4월에는 오후 4시까지만 문을 연다.

두브로브니크에서는 딱히 살 만한 기념품이 많지 않지만 들러볼 만한 곳이 한 군데 있다. 바로 넥타이 가게다. 크로아티아는 넥타이를 처음 만든 나라로 잘 알려져 있다. 두브로브니크에서 유명한 넥타이 가게는 '카린의 기념품점Karin's Souvenir'이다.

카린 상점은 스트라둔 대로의 시계탑 앞에서 오른쪽으로 꺾어지면 나타나는 통치자 궁전 바로 앞에 있어 찾기 쉽다. 그런데 문제는 간판이 없다는 점이다. 그냥 하얀색 차양 아래 알파벳 P자와 이를 반대로 놓은 듯한 표시가 있는 문 두 개가 있는 집을 찾으면 된다. 넥타이 종류는 아주 많아서 이것저것 고르기는 좋은데 가격은 싼 편이 아니다. 한 개당 500쿠나 정도 한다. 하지만 마땅한 기념품을 고르기 쉽지 않고 어느 정도 값어치 있는 선물을 하고 싶다면 이곳에서 고르는 것도 괜찮은 방법이다.

최고로 실용적인 선물은 잼이다. 특히 두브로브니크 잼은 이곳에서 나는 각종 과일을 이용해 만드는데, 다른 지역에서는 구할 수 없고 이곳에서만 살 수 있다. 맛이 지나치게 달지 않고 부드러우면서도 은은한 과일향이 배어나 빵에 발라 먹으면 아주 맛있다.

아침 장터에서 세르비아 정교회 방향으로 꺾어지면 UJE라는 가게가 나오는데, 여기에서 빵에 찍어 먹을 수 있는 각종 올리브오일과 식용 소금, 여러 종류의 잼을 판매한다. 병 크기도 다양하고 가격도 적당해 선물용으로 구입하기에 좋다. 특히 갖가지 과일 잼을 호텔 조식 뷔페 때 테이블마다 놓이는 작

두브로브니크의 잼과 올리브오일 등을 파는 UJE. 두브로브니크의 아주 맛있는 과일 잼은 선물용으로 손색이 없다.

은 크기의 병에 담아놓은 세트는 선물용으로 최고다. 가격은 올리브오일의 경우 50~60쿠나 정도 한다. 호텔 조식 때 나오는 크기의 잼이 5개가량 꽂혀 있는 선물세트도 비슷한 가격이다.

 통치자 궁을 끼고 왼쪽으로 꺾어지면 역시 로크룸 부두의 남단으로 나갈 수 있는 문이 나온다. 이곳에서는 성 요한 요새가 가까워 천천히 걸어서 부두 끝까지 가볼 수 있다. 또 북쪽으로 올라가면 시계탑 근처의 문이 있는 곳까지 갈 수 있다.

사자왕
리처드 1세와의 인연,
두브로브니크 대성당

통치자 궁에서 나와 비스듬히 마주본 위치에 둥그런 돔 지붕을 가진 커다란 성당이 서 있다. 성모승천 성당으로 알려진 두브로브니크 대성당 Cathedral of the Assumption of the Virgin이다. 두브로브니크 대성당은 정확한 건축 연대를 알 수 없을 만큼 아주 오래된 건축물이다. 1981년 복원 작업을 하던 중에 6~8세기의 초기 성당의 모습이 발견된 점으로 미뤄볼 때 대략 7세기경 건설이 시작된 것으로 추정하고 있다. 이 발견은 두브로브니크 역사의 새로운 방향을 제시했다. 이는 두브로브니크가 7세기에 집단 부락 형태의 공동체에서 도시로 발전한 증거이기도 하다.

통치자 궁 맞은편에 있는 두브로브니크 대성당

12세기에 확장된 두브로브니크 대성당에는 재미있는 일화가 얽혀 있다. 1192년, 제3차 십자군전쟁에 참전한 영국의 사자왕 리처드 1세가 배를 타고 영국으로 돌아가던 중 폭풍우가 몰아쳐 두브로브니크 인근의 로크룸 섬 근처에서 배가 난파되었다. 다행히 리처드 1세는 두브로브니크 사람들의 도움으로 무사히 구조되었는데, 영국으로 돌아간 뒤 자신의 목숨을 구해준 두브

로브니크 사람들에 대한 보답으로 성당 증축 비용을 일부 제공했다.

이 같은 인연 때문에 두브로브니크는 셰익스피어의 희곡『십이야 The Twelfth Night』에도 등장한다. 또 두브로브니크는 시를 소개해준 보답으로 매년 여름축제 때면 로브리예나츠 요새에서 셰익스피어의 희곡『햄릿』을 공연한다.

그러나 로마네스크 양식으로 각종 조각상을 풍부하게 사용해 화려하게 지은 두브로브니크 대성당도 1667년 대지진의 참화를 피해갈 수 없었다. 상당 부분 파괴된 성당은 이탈리아 건축가 안드레아 불파리니와 파올로 안드레오티 등에 의해 1713년에 바로크 양식으로 다시 지어졌다.

두브로브니크 대성당이 성모승천 성당으로도 불리는 이유는 그림 때문이다. 주 제단 뒤에 16세기 이탈리아 화가인 베첼리오 티치아노가 1552년에 그린 유명한 성모승천 그림이 장식돼 있다.

티치아노가 그린 성모승천. 이 그림 때문에 두브로브니크 대성당은 성모승천 성당으로도 불린다.

보랏빛이 감도는 대리석으로 장식한 보조 제단은 성 얀 네포무츠키에게 바치는 제단으로 유명하다. 성 얀 네포무츠키는 체코의 프라하를 가본 사람에게는 익숙한 이름이다. 천주교 신부였던 그는 왕비를 의심한 왕에게 붙잡혀 왕비의 고해성사 내용을 털어놓지 않았다는 이유로 혀가 잘리고 눈이 뽑힌 뒤 돌에 묶여 체코의 블타바 강에 던져져 순교했다. 프라하 대성당을 비롯해 카를 교橋에서도 다섯 개의 금별이 후광을 이루고 있는 그의 동상을 볼 수 있다. 평소에는 이곳에 관리인들이 있어서 사진 촬영을 금지하는데 항상 있

는 것이 아니어서 관리인이 없을 때 적당히 사진 촬영을 할 수 있다.

성당 내부에는 보물실이 따로 있다. 일인당 10쿠나의 입장료를 내고 들어가야 하지만 비수기에는 관리하는 사람들도 느슨해지니 슬쩍 구경할 수도 있다. 보물실에는 두브로브니크의 수호성인인 성 블라시오의 유물들이 전시돼 있다. 특히 금으로 만든 호화로운 유골함에는 성 블라시

두브로브니크 대성당의 보물실

오의 발뼈와 유골이 들어 있다고 알려져 있다. 또 두브로브니크의 금세공사들이 11~17세기에 만든 138점의 금과 은으로 만든 보석 세공품도 있다. 각종 그림들도 보관돼 있는데 이 중에는 라파엘로의 〈마돈나〉, 벨리니의 〈성모와 성자〉도 있다.

보물실은 5~10월 평일에는 오전 8시부터 오후 5시 30분, 일요일에는 오전 11시부터 오후 5시 30분까지 운영한다. 11~4월에는 오전 10시부터 오후 5시까지 문을 연다.

성당 바로 앞 공터는 마린 드르지치 광장이다. 바로 두브로브니크의 시인이자 극작가인 마린 드르지치의 이름을 딴 곳이다. 통치자 궁 못미쳐 앉아 있

는 동상의 주인공이다. 여름축제 기간에는 카페와 레스토랑에 고용된 음악가들이 이곳에서 연주를 하기도 한다. 시원한 성당의 그늘 아래 앉아 잠시 쉬어가기에 좋은 곳이다. 카멘^{Kamen} 지구에 위치한 이곳은 성당 앞에서 항구와 해양박물관으로 이어지는 길이 연결돼 있다. 두브로브니크 사람들은 한때 이곳을 '성모 마리아 교회 앞'이라고 불렀다.

광장에는 성모승천 성당을 비롯해 소르코체비치^{Sorkočević} 궁, 성 바르톨로뮤 교회, 둘치치-마슬레-풀리티카 갤러리$^{Dulčić-Masle-Pulitika\ Gallery}$와 미국의 경제부장관인 로널드 브라운의 추모관 등이 있다. 로널드 브라운 장관은 1996년 4월 3일 성 요한 산에 충돌한 비행기 사고로 숨졌다.

두브로브니크 대성당 앞에 있는 마린 드르지치 광장. 더위에 지친 사람들이 성당 계단에 앉아 더러 열리는 길거리 공연을 보기도 한다.

두브로브니크의 활력소, 군둘리체바 광장

통치지 궁 맞은편의 뚫려 있는 골목으로
들어서면 군둘리체바 광장이 나온다.

두브로브니크 대성당을 마주보고 서서 성당의 오른쪽 옆길로 들어가 조금만 직진하면 왼편에 자그마한 광장이 나온다. 두브로브니크 출신의 문학가 이반 군둘리치(1589~1638년)의 동상이 서 있는 군둘리체바 광장^{Gundulićeva Poljana}이다.

17세기에 활동한 군둘리치는 유명 극작가이자 시인으로 서사시극『오스만』, 목가극『두브라프카』 등의 작품으로 잘 알려져 있다. 군둘리치는 코나블레^{Konavle} 지역의 통치자로 두 번이나 지목되었으며, 의회 의원을 지내기도 했다. 그는 인생이 찰나일 뿐이라는 것을 작품 주제로 즐겨 다뤘으며, 자유를 찬미하는 시와 종교개혁을 부르짖는 작품들을 썼다.

군둘리치는 죽어서 오노프리오 샘 맞은편에 위치한 프란체스코 수도원에 묻혔다. 그의 대표작으로 꼽히는『오스만』의 1826년 인쇄본도 프란체스코 수도회에 보관돼 있다.

그의 동상은 1667년 대지진 이후 조성된 군둘리체바 광장에 들어섰다. 동

상이 세워진 것은 19세기였으며, 작은 아멜링 샘과 함께 조성되었으나 샘은 1991년 내전 때 파괴되었다.

여름축제 기간에 스트라둔 대로에서 필레 게이트를 바라보면 안쪽 문 위에 축제를 알리는 깃발이 내걸리고, 문 위에 프로젝터 영상이나 레이저 조명이 쏘이기도 한다. 이때 깃발이나 영상, 조명 등에 꼭 들어가는 글자가 바로 '자유Libertas'다. 군둘리치가 쓴 「자유」라는 시에 야코브 고토바츠가 곡을 붙인 자유 찬가를 부르며 축제를 시작한 전통 때문에 이 글자를 표시한다. 군둘리치는 이 시에서 "신은 우리에게 세상의 보물인 자유를 주었다. 자유만이 두브로브니크를 빛내는 유일한 장식이다. 세상의 모든 금을 주어도 아름답게 빛나는 자유와 바꾸지 않는다"라고 노래했다. 자유라는 글자는 라구사 공화국의 문장紋章에도 들어 있다.

군둘리체바 광장은 두브로브니크 성 안에서 생활하는 4천 명가량의 주민들에게 삶의 중심이 되는 장소다. 이곳에서는 매일 아침 장이 선다. 여름축제 기간에는 날이 워낙 더워 오전 7시부터 오후 1시까지만 장이 선다. 각종 농산물과 기념품, 수공예품 등을 주로 판다. 하지만 과일 가격 등을 비교해보니 자그레브보다 세 배나 비싸다.

사진을 찍느라 어물어물 구경하는 사이 과일을 갖고 나온 할머니가 얼른 비닐봉지에 무화과를 싸

두브로브니크를 대표하는 문학가인 군둘리치의 동상. 하단의 네 면에는 그의 작품을 표현한 부조가 붙어 있다.

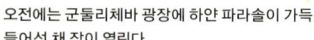

오전에는 군둘리체바 광장에 하얀 파라솔이 가득 들어선 채 장이 열린다.

군둘리체바 장에서 파는 각종 농산물과 과일, 현지 특산품 및 기념품

군둘리체바 장터에서 본 재미있는 장난감. 입에 물린 막대기를 뽑아 등을 문질러주면 두꺼비 울음소리가 난다.

준다. 만류하는데도 불구하고 계속 웃으며 내미는데 더 이상 거절할 수가 없어 구입했다. 시계탑 앞으로 와서 오노프리오 샘에 무화과를 씻은 뒤 한입 베어 물어보니 달고 맛있다. 자그레브보다 비싸게 주고 샀지만 마침 목이 마르던 참이라 달게 먹었다.

아침 장터는 저녁이면 사람들이 왁자지껄 떠들고 음악소리가 흘러넘치는 노천카페로 바뀐다. 오전 내내 파라솔이 가득 들어찼던 장터에 카페에서 내놓은 테이블과 의자가 놓이고 푸른색 식탁보로 예쁘게 장식된다. 그리고 흘러나오는 생음악……. 장터가 낭만의 거리로 바뀌는 두브로브니크의 또 다른 마법이다.

오전에 장이 들어섰던 군둘리체바 광장은 오후에는 노천카페로 바뀐다.

예수회 교회,
성 이그나티우스 교회

군둘리치 동상 뒤로 군둘리체바 광장 너머에 위로 올라가는 계단이 보인다. 전체적인 윤곽이 빼어난 바로크 양식의 계단은 로마 건축가인 피에트로 파살라쿠아가 1738년에 설계했다. 그래서 그런지 강렬한 인상을 주는 이 계단은 이탈리아 로마의 스페인 광장에 있는 유명한 트리니타 데이 몬티 교회의 계단과 닮았다.

오래된 돌계단을 하나하나 밟으며 올라가면 계단 꼭대기에 돌과 흙바닥을 드러낸 루더 보스코비치 광장이 나오고, 그곳에 웅장한 성 이그나티우스 교회 St Ignatius Church가 서 있다. 이 교회는 달마티아 지방의 바로크 양식 건물 가운데 가장 빼어난 건물로 꼽힌다.

이탈리아 로마에 있는 스페인 광장의 트리니타 데이 몬티 교회의 계단과 닮은 군둘리체바 광장의 돌계단

성 이그나티우스 교회는 1725년 예수회, 즉 제수이트 파가 건립했다. 디자인은 예수회의 유명한 건축가인 이그나치오 포초가 맡았다. 묵직한 문이 예사롭지 않은 세월의 무게를 느끼게 해준다. 내부에 들어서는 순간 전면 제단을 가득 채운 프레스코화가 압도한다.

예수회의 성 이그나티우스 교회. 예수회 대학과 나란히 붙어 있다. 교회를 등지고 흙바닥으로 된 루더 보스코비치 광장을 가로질러 가면 부자 카페2로 갈 수 있다.

가에타노 가르시아의 웅장한 프레스코화가 압도적인 성 이그나티우스 교회의 제단 예수회를 창립한 성인 이그나티우스 데 로욜라의 생애를 그린 프레스코화는 가에타노 가르시아가 그렸다. 이그나티우스는 스페인 성주의 아들로 태어나 프랑스군과의 전투 중에 부상을 입고, 병상에서 읽은 그리스도의 생애에 감복해 수도사가 되었다. 훗날 파리 대학에서 함께 공부했던 다른 수도사들과 예수회를 만들었고, 그 공로로 사후에 교황 그레고리오 15세가 성인으로 시성했다.

교회와 함께 옆에 나란히 붙어 있는 오래된 건물은 예수회 대학이다. 이 대학은 라구사 공화국 시절부터 기초과학을 가르쳤다고 한다.

해양 민족의 역사를 담은 해양박물관

성 이그나티우스 교회에서 나와 앞에 뚫린 길을 통해 동쪽 끝의 성 요한 요새까지 가서 계단을 올라가면 요새 안에 위치한 해양박물관에 들어갈 수 있다. 요새 내부를 박물관으로 바꾼 이곳에는 두브로브니크가 바다를 주름잡던 라구사 공화국 시절의 선박 모형과 항해 도구, 해양 그림 등이 전시돼 있다.

입구에서 입장료를 내고 1층 문서실을 구경한 뒤 2층 계단으로 올라가면 높다란 요새 천장 아래 진열된 선박 모형과 키, 과거 해양 강국으로 이름을 떨쳤던 라구사 공화국 시절의 선박을 건조했던 조선 도구 등 다양한 전시품을 구경할 수 있다. 높은 천장을 올려다보면 망루를 지키던 병사들이 사다리를 통해 내려오던 문의 흔적이 남아 있어 이곳이 요새였다는 사실을 실감할 수 있다.

전시품도 전시품이지만 요새의 열린 창을 통해 로크룸 부두와 건너편 해안 풍경을 내려다볼 수 있다. 이곳 역시 색다른 앵글의 사진을 찍을 수 있다. 입장료는 35쿠나인데, 그 정도 값은 하는 곳이다. 5~10월에는 오전 9시부터 오후 6시까지 개관하고, 11~4월에는 오후 4시에 문을 닫는다.

성 요한 요새 안에 위치한 해양박물관

옛 두브로브니크 사람들의 생활상을 엿볼 수 있는 민속관

ROUTE 4　　아드리아 해의 진주 두브로브니크

해양박물관을 나와 성 이그나티우스 교회가 있는 곳까지 와서 보카 탑을 향해 계속 서쪽으로 가다 보면 스트라둔 대로처럼 동서로 뻗어 있는 오드 루파 Od Rupa 거리가 나오고 동서를 가로지르는 작은 거리인 오드 소르테 Od Sorte 와 만나는 지점에 민속관 Ethnographic Museum 이 있다. 남쪽 고지대에 있어 한 번에 찾아가기 쉽지 않은데, 골목골목 누비다 보면 만날 수 있다.

1590년 곡물창고로 쓰였던 건물을 박물관으로 개조한 이곳은 이 지역의 농업 및 풍습 관련 자료들을 모아놓았다. 옛 두브로브니크 사람들의 복식 및 농기구, 가사 도구 등이 전시돼 있는데 특별히 이런 분야에 관심 있는 게 아니라면 큰 흥미를 느끼지 못할 수도 있다.

일정이 바쁠 때는 지나쳐도 상관없다. 입장료도 40쿠나로, 생각보다 비싼 편이다. 매주 일~금요일 오전 9시부터 오후 4시 사이에 문을 연다.

두브로브니크의
골목 투어

　지금까지 돌아다닌 곳들은 문화유적 위주의 볼거리들이었다. 즉 우리의 경복궁이나 덕수궁처럼 역사적 흔적들을 둘러본 셈이다.
　그런데 이것이 전부는 아니다. 두브로브니크 성 사람들은 어떻게 살까 궁금하지 않은가. 마치 박물관 같은 도시에서 어떻게 생활하는지 궁금하다면 골목 투어를 떠나야 한다. 골목 투어야말로 두브로브니크의 진짜 살아 있는 모습을 제대로 볼 수 있는 방법이다. 소위 숨은 비경 찾기라고나 할까.
　두브로브니크에는 동서를 가로지르는 스트라둔 대로를 중심으로 북쪽과 남쪽에 40여 개가 넘는 골목들이 촘촘히 그물망처럼 뻗어 있다. 겨우 두 사람이 어깨가 닿을락 말락 스쳐 지나갈 만한 좁은 골목들 사이로 오래된 돌로 지은 집들이 들어서 있고 이곳에서 두브로브니크 사람들이 생활한다.

두브로브니크는 좁고 촘촘한 골목이 예술작품이 될 수 있다는 것을 보여주는 도시다.

　하지만 돈 있는 사람들은 성 안에 집만 갖고 있고 성 밖의 신시가지 쪽에 주로 산다. 성 전체가 유네스코 세계문화유산으로 지정돼 있다 보니 집을 개조하기가 어려워 불편하기 때문이다. 따라서 생활은 신시가지의 현대식 건물

에서 하고, 성 안의 고색창연한 집은 주로 관광객들을 위한 민박으로 활용하거나 세를 준다. 일부는 객실이 10개 미만인 작은 호텔로 운영하기도 한다.

생활은 주로 2층 이상에서 하고 1층은 대부분 상점들이다. 상점 역시 스트라둔 대로에 인접한 골목 쪽에 주로 몰려 있고 거기서 한 블록 뒤에 있는 골목들은 1층도 대부분 살림집으로 쓴다.

골목 투어의 하이라이트는 바로 골목 안에 빼곡히 들어찬 상점들을 구경하는 것이다. 온갖 맛집과 기념품점, 갤러리 등이 골목 안에 오밀조밀 숨어 있다. 골목들은 어스름 저녁부터 밤 사이에 더 예쁘다. 저녁때가 되면 천천히 떨어지는 석양이 아득한 중세 건물 위의 유리창에 부딪혀 파편처럼 산산이 흩어지는 풍경이 눈부시게 아름답다.

석양이 질 무렵 건물의 창들이 일제히 되쏘아내는 햇살이 마치 황금가루처럼 부서져 골목으로 쏟아진다.

밤이 되면 상점들은 따뜻한 촛불 빛깔의 전등을 밝혀, 예전 유럽의 가스등 같은 분위기를 연출한다. 지저분하지 않게 같은 모양의 등이 일제히 불을 밝히면 마치 한여름의 크리스마스트리를 보는 것 같다.

특히 반들반들한 스트라둔 대로 위에 양 옆의 상점들이 나란히 켜놓은 등불이 반사되면 온통 황금빛으로 물들어 마음이 더할 수 없이 로맨틱해진다. 그만큼 야경이 아름답다.

골목들은 모두 성벽 쪽으로 갈수록 지대가 점점 높아진다. 따라서 스트라둔 대로변에서부터 골목 안쪽으로 들어갈수록 언덕을 오르듯 올라가야 한다. 골목 안 식당들은 스트라둔 대로를 중심으로 왼편, 즉 북쪽 골목의 식당들이 더 예쁘다. 스트라둔 대로에서 북쪽 골목 안쪽으로 약간만 오르면 스트라둔 대로처럼 동서로 뻗어 있는 골목이 또 나오는데, 바로 프리예코^{Prijeko} 골목이다. 여기에 식당들이 일제히 테이블을 내놓고 노천카페처럼 운영한다. 한여름에는 노천 테이블에 일찌감치 사람들이 꽉 들어찬다. 그만큼 인기가 좋다.

북쪽 골목에서 특별히 맛있는 맛집을 하나 소개한다면 바로 오드 시구라테^{Od Sigurate} 골목에 자리 잡고 있는 루신 칸툰^{Lucin Kantun}이라는 곳이다. 오드 시구라테 골목은 프란체스코 수도원에서 두 번째 골목이다.

루신 칸툰은 현지인들이 즐겨 찾는 그리 크지 않은 식당이다. 그런데 이곳에서 파는 'Baked Octopusy'라는 음식을 꼭 먹어봐야 한다. 기억하기 좋도록 편의상 '문어탕'이라고 부르자. 이 음식은 우리의 뚝배기 같은 쇠냄비에 문어 다리와 각종 해산물, 큼직한 감자를 넣고 토마토소스를 넣어 끓여주는데 정신없이 퍼먹을 정도로 맛있다.

현지인들도 대부분 이 음식을 시키는 걸로 봐서 이곳의 명물 음식인 모양이다. 예전에는 양이 적어 일인당 하나씩 시켰는데, 지금은 가격을 올리면서 양도 넉넉하게 늘렸다.

한 가지 흠이라면 여름에는 실내가 좀 덥다는 점이다. 에어컨을 틀어놓지만 주방에서 계속 요리를 하기 때문에 열기가 쉽게 빠져나가지 않아 그렇다.

두브로브니크에서 특히 인상적인 것은 바로 상점들의 간판이다. 요란한 입간판 대신 똑같은 모양의 가스등을 닮은 가로등이 간판 역할을 한다. 특히 밤에 불이 들어오면 정말 예쁘다.

골목 안에 자리 잡은 식당과 카페들. 계단에 그냥 방석을 내놓기만 해도 노천카페로 바뀐다.

현지인들이 즐겨 찾는 맛집 루신 칸툰
루신 칸툰에서 파는 아주 맛있는 '문어탕'

노천 테이블에서 먹으면 좋은데, 자리가 많지 않아서 금방 차버린다.

그런데 골목 안에 있는 상점들을 어떻게 찾을까. 다른 대도시들처럼 입간판이 어지럽게 달려 있는 것도 아니어서 골목 안을 들여다봐도 거기가 거기인 것 같다.

찾는 방법이 있다. 스트라둔 대로를 따라 걸어가다 보면 양쪽 골목이 시작되는 어귀의 벽에 자주색의 작은 깃발 같은 천이 눈높이에 매달려 있고 여기에 글씨가 적혀 있는 것을 볼 수 있다. 바로 이 작은 깃발들이 해당 골목에 들어선 상점 이름들을 한꺼번에 알려주는 일종의 간판이다.

골목 풍경과 잘 어울러 도시 미관을 해치지 않으면서 상점들을 충분히 안내해주는 아주 좋은 방법이다. 물론 간판으로서의 효과는 네온불빛이 번쩍거리는 입간판보다 떨어지겠지만, 오히려 사방에서 화려한 네온간판이 번쩍이면 정신없는 데 비해 천으로 알리는 방법은 그렇게 눈을 어지럽히지 않아 보기 좋다.

바다 방향인 남쪽 골목에는 주로 기념품점 등 상점이 있다. 아이스크림 가게도 주로 남쪽 골목에 많다.

남쪽 골목에는 의외로 재미난 집들이 있다. 바로 가정집을 개조한 카페나 기념품점이다. 그것도 남쪽 성벽 가까운 높은 지대의 골목으로 올라가면 이런 집들이 있다.

골목 어귀에 걸려 있는 자주색 네모난 천에 적혀 있는 글씨들이 골목 안에 위치한 상점들의 이름이다.
도시 미관을 해치지 않으면서 효과적으로 안내해주고 있다.

갤러리 겸 카페인 다르딘. 손으로 쓴 간판과 문 위에 간판 역할을 하는 각등이 달려 있다.

다르딘에서 내려다볼 수 있는 노천극장

ROUTE 4　　아드리아 해의 진주 두브로브니크

남쪽 성벽 꼭대기 쪽에 위치한 '다르딘^{Dardin}'은 집 안마당을 카페 겸 갤러리로 활용하고 있다. 직접 만든 공예품을 전시해놓고, 한쪽에는 등나무 아래 테이블을 펼쳐놓은 채 음료수를 팔고 있다. 그런데 우연히 찾아 들어간 이 카페는 정말 명당이었다. 남쪽 골목들이 한눈에 내려다보이며 맞은편 북쪽 골목까지 멀리 조망할 수 있는 곳이었다. 희한한 것은 이곳에서 우연히 찾은 극장이었다. 극장은 실내가 아닌 야외에 하얀 스크린을 걸어두고 객석 역할을 하는 의자를 놓아두었다. 골목을 돌아다닐 때는 보지 못했는데, 이렇게 올라오니 노천극장이 보였다.

그렇게 기웃기웃 가정집을 개조한 상점들을 보는 재미도 쏠쏠하다. 'Art Studio BB'라는 손 글씨 간판이 문 위에 걸려 있는 집은 할머니가 직접 손으로 뜬 수예품들을 팔고 있었다. 밖에서만 보고 지나치려 했더니 할머니가 애써 들어와 보라고 부른다.

어디서 왔느냐고 묻기에 "한국"이라고 했더니, "한국을 아주 잘 안다"며 한일월드컵부터 남북 분단 등을 술술 이야기한다. 손수 제작한 판화와 직접 만든 장신구들을 꺼내서 일일이 설명을 하며 보여줬는데, 그냥 나오려니 미안했다.

이렇게 건물이 다닥다닥 붙어 있으면 마당도 별로 없어 빨래 널기가 쉽지 않겠다는 생각이 들었다. 과연 빨래는 어떻게 널까. 의문은 건물을 올려다보자 쉽게 풀렸다. 이곳 사람들도 이탈리아 사람들처럼 건물과 건물 사이에 줄을 매거나 창밖으로 줄을 매서 빨래를 널어놓는다. 빨래를 걸 때는 줄을 손으로 당겨서 걸고, 널 때도 그런 식으로 한다.

워낙 볕이 좋고 바람이 시원하게 불어 빨래는 금방 마를 것 같다. 그런데 비가 자주 내리는 비수기에도 가봤더니, 비가 쏟아지는 날에도 빨래를 널어놓는다. 아니, 처음에는 햇살이 나서 빨래를 널어놓았겠지만, 비가 내려도 제때 거둬들이지 않고 그냥 놔둔다. 잊어버린 것인지 신경을 쓰지 않는 것인지 모르겠지만 특이했다.

두브로브니크의 빨래를 널어놓는 법.
건물과 건물 사이에 줄을 매서 널어놓는다.

그렇게 계단을 오르내리며 40여 개가 넘는 골목을 기웃기웃하다 보면 한나절이 훌쩍 지나간다. 보기에는 쉬워도 만만치 않은 거리를 걸어야 한다. 따라서 성벽 투어처럼 편한 신발을 신고 걷는 게 좋다.

골목뿐 아니라 스트라둔 대로도 볼 게 많다. 필레 게이트 앞에는 각종 퍼포먼스를 하거나 갖가지 색깔의 앵무새를 데리고 나와 사람들의 눈길을 사로잡는다.

스트라둔 대로는 밤에도 빛이 난다. 거울처럼 반들거리는 석회석이 낮에는 햇빛에 반짝이며, 밤에는 황금색 가로등 불빛에 물든다. 그리고 비가 자주 오는 비수기에는 가로등 불빛이 일렁이는 그림 같은 정경을 만들어낸다.

갖가지 퍼포먼스를 하는 사람들이 스트라둔 대로에 모여든다.
지나던 개가 뱀처럼 꿈틀거리는 장난감을 보고 따라 움직여
관광객들을 웃게 만들었다.

마술 같은 두브로브니크의 야경.
비 내리는 봄이나 바람 서늘한 한여름 밤 모두 운치가 있다.

ROUTE 4　　아드리아 해의 진주 두브로브니크

두브로브니크의
또 다른 명물,
스르지 산 케이블카

두브로브니크 관광에서 딱 두 가지만 고르라면 성벽 투어와 케이블카 탑승이다. 그만큼 성벽 투어와 함께 케이블카 관람은 두브로브니크 관광의 양대 하이라이트이다.

케이블카를 타려면 성 북쪽의 부자 게이트 근처까지 꽤 걸어가야 한다. 필레 게이트에서 부자 게이트까지는 성벽을 따라 걸어서 십 분 이상 걸린다.

케이블카 티켓

두브로브니크에서 빼놓지 않고 해봐야 할 것이 성벽 투어와 케이블카 탑승이다.

성 바깥으로 갈 경우 여름축제 기간이라 하더라도 높다란 성벽이 그늘을 만들어줘 생각보다 덥지 않다. 성벽 그늘을 따라 걸어 올라가다 보면 두브로브니크 성벽의 위용을 새삼 실감할 수 있다. 높게 솟은 성벽을 보면 여차해서 떨어질 경우 다시 숨 쉬기 힘들겠다는 생각이 절로 들 정도로 아찔하다. 그만큼 외부의 공격이 힘들었을 것으로 짐작된다.

가장 손쉽게 가는 방법은 필레 게이트 안으로 들어가 스트라둔 대로를 따라 걷다가 중간쯤에서 왼편 골목으로 빠져 무조건 북쪽 성벽 꼭대기까지 올

라가는 것이다. 이어서 성벽을 따라 플로체 게이트 방향으로 조금만 걸으면 바로 왼편에 성문인 부자 게이트가 나온다. 혹시 골목 투어 중이었다면 바로 부자 게이트를 찾아 빠져나오는 것도 한 가지 방법이다.

부자 게이트를 나와 길을 건너 굴다리를 빠져나가면 건너편에 주차장이 보이는 도로가 나온다. 도로를 따라 위쪽으로 올라가면 소방서가 나타나고, 여기서 길을 건너면 차브타트 등으로 떠나는 시외버스정류장이 나온다. 여기가 바로 버스정류장 겸 케이블카를 탈 수 있는 탑승장이다. 케이블카 승차권은 이곳에서 끊으면 된다.

케이블카는 1991년 내전 때문에 중단되었다가 19년 만인 2010년 5월부터 다시 운행을 시작했다. 오렌지색 케이블카는 성의 북쪽에서 마주 보이는 스르지 산 정상까지 올라간다. 소요 시간은 약 4분이다.

산이 바로 코앞에 보이고 높이도 만만해 보여 걸어서 올라가는 사람들이 있는데, 일부러 등산이 좋아서 그러는 것이 아니라면 여름철에는 말리고 싶다. 뱀처럼 구불거리는 산길에는 나무 그늘 하나 없어 내리쬐는 햇볕을 온몸으로 고스란히 받아야 한다. 그렇게 두세 시간 걸어 올라온 사람들은 얼굴이 시뻘겋게 익어 구경이고 뭐고 포기한 채 건물 그늘에 늘어져 있기 일쑤였다.

케이블카 타는 것이 뭐 그리 대단할까 싶지만 올라가 보면 그 이유를 알 수 있다. 그림책처럼 붉은 지붕들이 들어찬 성과 푸른 바다, 초록색 로크룸 섬이 모두 손에 잡힐 듯 내려다보이는 풍경은 숨이 막힐 만큼 아름다워 절로 탄성이 터져 나온다. 케이블카에서 내린 사람들은 연신 감탄사를 쏟아내며 사진 찍기에 바쁘다.

그럴 수밖에 없는 것이 스르지 산 꼭대기의 전망대에서 내려다보는 풍경은 성 안인 올드타운에서 올려다본 풍경이나 성벽 위에서 둘러보는 전경과는 또 다른 감동을 선사한다. 원래 산 정상에는 나폴레옹이 세운 십자가가 있었으나 내전이 끝난 뒤 새로 만들어 세웠다.

특히 케이블카는 여름축제 기간이라면 늦은 오후에 탈 것을 강력히 권한다. 일몰 시간에 맞춰 올라가면 강한 햇볕 아래 뉘엿뉘엿 바다로 기우는 낙조 때문에 황금빛으로 물드는 성, 이윽고 해가 떨어지고 어둠이 깃들면서 반짝이는 등불로 수놓은 은색의 성까지 다채롭게 변하는 두브로브니크 성의 모습을 화보처럼 볼 수 있다.

이를 노린 듯 산꼭대기에 위치한 레스토랑의 좋은 자리는 일찍부터 예약이 꽉 찬다. 하지만 굳이 레스토랑의 좋은 자리를 예약할 필요는 없다. 정상 어디에서나 자연과 인간이 함께 빚어낸 두브로브니크의 낭만적인 풍경에 흠뻑 젖을 수 있기 때문이다. 여기에 시원한 바닷바람까지 불어오니 여름 한낮도 더운 줄 모른다. 아무리 봐도 질리지 않는 풍경 덕분에 쉽게 발길이 떨어지지 않는 곳이다.

스르지 산 정상에는 조국전쟁기념관 Museum of Homeland War 도 있다. 과거 레이더

두브로브니크 시 북쪽에 위치한 스르지 산. 바람이 세게 불어서 위로 갈수록 높이 자란 나무가 없다. 그러니 한여름에 걸어서 올라갈 경우 내리쬐는 따가운 햇살을 온몸으로 받아야 한다. 웬만하면 케이블카를 타는 것이 좋다.

조국전쟁기념관. 내전 당시 쓰였던 무기와 사진 등이 전시돼 있다.

기지 겸 전화국이었던 건물을 기념관으로 개조한 이곳에는 1991년 참혹했던 내전의 상흔이 고스란히 남아 있다.

입장료를 내고 들어가면 당시 쓰였던 군 장비와 사진들, 건물 여기저기에 파인 총탄 자국과 비디오 영상 등이 전쟁의 끔찍함을 되새기게 한다. 황량한 내부에 머물다 보면 당시 젊은이들이 내지르던 신음소리가 사방에서 들려오는 것 같다. 전쟁의 아픔을 겪은 민족으로서 방명록에 한글로 전사자들에 대한 애도의 글을 남겼다.

건물 꼭대기에 오르면 전망대처럼 두브로브니크 성과 로크룸 섬을 내려다볼 수 있다. 하지만 이곳보다 전망대 쪽 풍경이 더 좋다.

전망대에 서면 여기저기서 탄성이 터져 나온다. 헬기를 타고 내려다보는 부감 샷처럼 푸른 바다 위로 주홍색 두브로브니크 성과 로크룸 섬까지 마치 축소모형처럼 한눈에 보인다. 사람들은 장난감처럼 오밀조밀한 성 안 건물과 골목들을 카메라에 담기 위해 연신 셔터를 눌러대느라 바쁘다.

석양이 질 무렵 산에 올랐다면 대충 사진 찍었다고 서둘러 내려가지 말자. 해가 지기 시작하면서 시시각각 달라지는 두브로브니크 성의 변신이 시작된다. 푸른색이었던 바다는 보라색으로 물들고 주홍색 지붕은 더 붉어진다. 이윽고 황금 띠를 두른 듯 성 안 골목에 가로등이 들어오기 시작한다. 해가 완전히 떨어지면 바다는 짙은 남색이 되고, 회색이었던 성벽이 조명을 받아 진주처럼 하얗게 빛나며 성 안 골목들이 찬란한 황금색으로 반짝인다.

스르지 산 정상에서 내려다본 두브로브니크 성

마치 아리따운 여인네의 화장처럼 야경이 빚어내는 이 놀라운 두브로브니크 성의 변신을 놓친다면 두고두고 후회할 것이다. 어지간하면 스르지 산의 야경은 꼭 챙겨 보는 게 좋다.

석양이 지기 시작해서 깜깜한 밤이 될 때까지 달라지는 두브로브니크 성의 모습

TIP

여행 코스

1일 코스

필레 게이트 ⟶ 성벽 투어 ⟶ 오노프리오 샘 ⟶ 프란체스코 수도원 & 약국 ⟶ 루자 광장 ⟶ 로크룸 부두 ⟶ 통치자 궁 ⟶ 두브로브니크 대성당

3~5일 코스

1일　필레 게이트 ⟶ 오노프리오 샘 ⟶ 성 그리스도 교회 ⟶ 프란체스코 수도원 & 약국 ⟶ 세르비아 정교회 ⟶ 루자 광장 & 시계탑 ⟶ 성 블라시오 교회 ⟶ 스폰자 궁 ⟶ 도미니코 수도원 ⟶ 플로체 게이트 & 레벨린 요새

2일　성벽 투어 ⟶ 로크룸 부두 ⟶ 통치자 궁 ⟶ 두브로브니크 대성당 ⟶ 군둘리체바 광장 ⟶ 이그나티우스 교회 ⟶ 골목 투어

3일　로브리예나츠 요새 ⟶ 스르지 산 케이블카 ⟶ 반예 해변 ⟶ 플로체

4일　로크룸 섬 ⟶ 라파드 & 바빈쿡

5일　엘라피티 군도 ⟶ 차브타트

교통

항공

자그레브 – 두브로브니크
크로아티아항공을 타고 약 50분. 요금은 약 350쿠나. 칠리피 공항에서 두브로브니크 성 앞까지 아틀라스 버스로 45분. 버스 요금은 35쿠나.

버스

자그레브 – 두브로브니크
약 11시간. 요금은 205~250쿠나. 트렁크 한 개당 7쿠나 별도 부과.

스플리트 – 두브로브니크
약 5시간. 요금은 100~124쿠나. 트렁크 한 개당 7쿠나 별도 부과.

숙소

호텔

임페리얼 힐튼 Hotel Hilton Imperial

필레 게이트 바로 앞에 있어 최상의 위치. 19세기 합스부르크 왕가의 영빈관으로 쓰였던 유서 깊은 럭셔리 호텔. 로비에서 무료 와이파이 이용 가능.

요금 더블룸 1,821쿠나
전화 385-20-320-320
주소 Marijana Blažića 2
www.hilton.com

벨뷰 Hotel Bellevue

필레 게이트에서 서쪽으로 1킬로미터 거리에 위치. 걸어서 15분 거리. 바닷가 절벽 위에 위치해 전망이 좋다.

요금 더블룸 1,835쿠나
전화 385-20-430-830
주소 Pera Čingrije 7
www.hotel-bellevue.hr

푸치치 팰리스 Pucić Palace

성 내에 위치한 럭셔리 호텔. 군둘리체바 광장 옆에 있는 옛날 귀족의 집을 개조.

요금 싱글룸 2,294쿠나 / 더블룸 3,751쿠나
전화 385-20-326-222
주소 od Puča 1
www.thepucicpalace.com

엑셀시어 Hotel Excelsior

플로체 방면 해안가에 위치한 럭셔리 호텔. 성이 보이는 훌륭한 전망과 전용 해변을 갖추고 있다. 객실에서 무료 와이파이 지원.

요금 싱글룸 1,640쿠나 / 더블룸 1,960쿠나
전화 385-20-353-353
주소 Frana Supila 12
www.hotel-excelsior.hr

스타리 그라드 Hotel Stari Grad

성 안에 위치한 8개 객실을 갖춘 부티크 호텔. 프란체스코 수도원을 지나 두 번째 골목에 위치. 스타리 그라드는 성벽이라는 뜻.

요금 싱글룸 1,180쿠나 / 더블룸 1,580쿠나
전화 385-20-322-244
주소 Od Sigurate 4
www.hotelstarigrad.com

숙소

호스텔

프레시 시트 Fresh Sheets

2013년 6월 새로 개장. 성 안에 위치한 유일한 호스텔로 남쪽 성벽의 부자 카페1 앞에 있다. 에어컨 및 무료 와이파이 제공. 공용 주방 이용 가능.

요금 8인 도미토리 210쿠나
전화 385-91-799-2086
주소 Svetog Šimuna 15
www.freshsheetshostel.com

유스 호스텔 Youth Hostel Association Dubrovnik

필레 게이트에서 서쪽으로 1킬로미터 떨어진 곳에 위치.

요금 4~6인 도미토리 148쿠나
전화 385-20-423-241
주소 Vinka Sagrestana 3
www.hfhs.hr

아파트

빌라 아드리아티카 Villa Adriatica

〈꽃보다 누나〉 출연진이 묵었던 숙소. 두브로브니크 구시가지의 동문인 플로체 게이트를 나와서 레벨린 요새를 지나 플로체 방면으로 가다 보면 반예 해변 못 미쳐 위치한다. 19세기 중반에 지어진 집으로 오래된 가구들로 장식되어 당시의 분위기를 느낄 수 있다. 총 3개의 방 중에서 2개의 방은 바다가 보이는 긴 테라스로 연결되어 가족 단위로 묵기에 좋다.

전화 385-98-334-500
주소 Frana Supila 4
www.villa-adriatica.net

볼거리

필레 게이트 Pile Gate

두브로브니크 성의 관문인 서쪽 출입문. 크로아티아를 대표하는 조각가 이반 메슈트로비치가 만든 두브로브니크의 수호성인인 성 블라시오의 상이 문 위에 놓여 있다.

스트라둔 대로(=플라차 대로) Stradun

석회암과 대리석으로 다져진 거울처럼 반짝거리는 중심 대로. 필레 게이트에서 루자 광장까지 292미터 길이.

오노프리오 샘 Onofrio Fountain

필레 게이트 안쪽 문에 들어서자마자 오른쪽에 위치. 1438년 이탈리아 나폴리에서 온 오노프리오 데 라 카바가 만든 상수도 시스템.

성 그리스도 교회 St Saviour Church

1520~1528년 완공된 교회. 페타르 안드리지치가 설계. 오노프리오 샘 바로 맞은편에 위치.

프란체스코 수도원 & 약국 Franciscan Monastery & Museum

성 그리스도 교회 바로 옆에 있다. 1235년 이탈리아 출신의 프란체스코 수도사가 이곳에 머물며 전염병에 걸린 사람들을 치료. 유럽에서 가장 오래된 약국이 있으며 지금도 화장품, 약품 등을 판매.

요금 입장료 30쿠나
개장 오전 9시~오후 6시

세르비아 정교회 Serbian Orthodox Church & Museum

십자가를 중심으로 각이 진 돌탑 두 개가 솟아 있는 건물로 내부 장식이 화려하다. 크로아티아의 대표 화가인 블라호 부코바치의 작품 등이 있는 교회.

요금 일인당 10쿠나
개장 오전 9시~오후 2시

루자 광장 Luza Square

스트라둔 대로 동쪽 끝에 위치. 1418년 보니노 다 밀라노가 만든 칼을 든 전설의 기사 롤랑이 새겨진 올란도 석주와 2톤짜리 청동 종이 달린 31미터 높이의 시계탑이 있다.

스폰자 궁(=디노바) Sponza Palace

루자 광장의 올란도 석주 바로 앞에 위치. 과거 라구사 공화국의 세관 겸 조폐국. 내부에 갤러리를 겸하는 안뜰과 고문서보관소, 유고슬라비아 내전 때 희생된 사람들을 기리는 추모관이 있다.

요금 문서보관소는 유료, 일인당 15쿠나
개장 오전 8시~오후 3시(토요일은 오후 1시)

성 블라시오 교회 St Blaise's Church

두브로브니크의 수호성인인 성 블라시오를 기리기 위해 14세기에 건축. 입구 꼭대기에 황금 관을 쓰고 두브로브니크 시가지 모형을 손에 든 성 블라시오의 입상이 서 있다.

도미니코 수도원 Dominican Monastery & Museum

플로체 게이트 방향에 위치. 요새를 겸한 수도원으로 각종 고문서와 유명 화가들의 그림이 걸려 있다.

요금 내부 관람은 유료, 일인당 20쿠나
개장 성수기 오전 9시~오후 6시(비수기 오후 5시)

성벽 투어

성 안을 한눈에 내려다볼 수 있는 두브로브니크 관광의 하이라이트. 필레 게이트로 들어서자마자 왼쪽 편에 입구와 성벽으로 오르는 계단이 있다. 높이 25미터의 성벽 위를 한 바퀴(약 2미터) 도는 데 2시간 정도 걸린다.

요금 70쿠나
개장 성수기 오전 9시~오후 6시30분(비수기 오전 10시~오후 3시)

로크룸 부두 Lokrum Dock

라구사 공화국 시절의 중계 무역항으로 번성했던 곳. 로크룸 섬, 카브타트 등으로 떠나는 여객선이 이곳에서 뜬다.

통치자 궁(=렉터스 궁) Rector's Palace

오노프리오 샘을 만든 건축가 오노프리오 데 라 카바가 설계. 라구사 공화국 시절 일 개월 임기의 통치자가 머물렀던 곳. 내부가 볼 만한데, 지하 감옥은 내전 사진을 모아놓은 기념관이며 2, 3층은 박물관으로 사용. 2층 음악홀에 모차르트의 하프시코드를 전시.

요금 일인당 35쿠나
개장 성수기 오전 9시~오후 6시(비수기 오후 4시)

두브로브니크 대성당(=성모승천 성당) Cathedral of the Assumption of the Virgin

영국의 사자왕 리처드 1세가 조난 시 구해준 두브로브니크 사람들에게 감사의 뜻으로 성당 증축 비용을 일부 제공. 이탈리아 화가 티치아노의 성모승천 그림이 걸려 있다.

- 요금 내부 보물실은 유료, 일인당 10쿠나
- 개장 보물실은 성수기 오전 8시~오후 5시 30분(비수기 오후 5시) 개장

군둘리체바 광장 Gundulićeva Poljana

17세기에 활약한 크로아티아의 유명 시인이자 극작가인 이반 군둘리치의 동상이 서 있는 광장. 오전에는 장이 열리며 오후에는 노천카페로 바뀐다.

성 이그나티우스 교회 St Ignatius Church

1725년 예수회가 건립한 교회. 예수회 대학이 나란히 붙어 있다.

로브리예나츠 요새 Fort Lovrjenac

필레 게이트 바깥쪽 절벽 위에 서 있는 36미터 높이의 요새. 여름축제 기간에는 요새 위에서 셰익스피어의 작품들을 공연.

- 요금 성벽 입장권에 포함

스르지 산 Srd Mountain 케이블카

두브로브니크의 또 다른 하이라이트. 바다 위에 떠 있는 듯한 그림 같은 두브로브니크 성을 내려다볼 수 있다. 성의 북쪽 문인 부자 게이트에서 조금만 걸어 올라가면 케이블카 탑승장이 나온다.

- 요금 87쿠나
- 개장 케이블카는 성수기에는 오전 9시~밤 12시(9월은 밤 10시)까지, 비수기에는 오후 4시, 5시까지 운행

맛집

루신 칸툰 Lucin Kantun

프란체스코 수도원에서 두 번째 골목인 오드 시구라테에 위치. 현지인들이 즐겨 찾는 곳으로, '문어탕'이 일품.

- 개장 오전 11시~저녁 11시
- 가격 약 140쿠나
- 전화 385-20-321-003
- 주소 Od Sigurate bb

타베르나 아스널 Taverna Arsenal

시계탑 바로 아래 있는 달마티안 레스토랑으로, 로크룸 부두의 조선소를 개조했다. 그리스식 오징어튀김인 칼라마리, 해산물 샐러드 등 각종 해산물 요리가 맛있다.

- 전화 384-20-321-065
- 주소 Pred Dvorom 1

폰타나 Fontana

오노프리오 샘 바로 앞에 있는 유명한 아이스크림 가게.

- 가격 개당 10쿠나

길 Gil's

루자 광장에서 플로체 게이트 쪽으로 올라가다보면 입구가 나온다. 성벽 위에 붙어 있는 특이한 레스토랑. 지중해식 요리를 전문으로 하며 크로아티아 와인을 맛볼 수 있다.

가격 메인 요리의 경우 170쿠나
전화 385-20-322-222
주소 Svetog Dominika bb

프로토 Proto

달마티안 스타일의 해산물 요리와 파스타 등을 다루는 음식점. 국내 블로그 등을 통해 널리 알려졌으나 맛은 평범하다. 스트라둔 대로에서 전쟁기념관 맞은편 골목 안에 있다.

가격 80쿠나 정도
전화 385-20-323-234
주소 Široka 1

오르한 Orhan

필레 게이트 바깥에 있는 해산물 레스토랑. 스테이크도 있다.

가격 50~170쿠나
전화 385-20-411-918
주소 Od Tabakarije 1

클럽 레벨린 Levelin

레벨린 요새 안에 자리 잡은 식당으로, 여름축제 기간에는 레스토랑 겸 클럽으로 바뀐다. 파스타와 해산물 요리 등이 맛있다.

가격 65~170쿠나
전화 385-20-322-164
주소 Svetog Dominika bb

부자 카페 Buža 1 & 2

부자 카페의 Buža는 크로아티아어로 '구멍' 혹은 '문'이라는 뜻. 남쪽 벽에 약간 떨어져서 두 곳이 있다. 해안 절벽 위에 있어서 저녁때 낙조를 볼 수 있는 곳으로 인기가 높다.

주소 부자1 Ilije Sarake
　　　부자2 Crijevićeva 9

쇼핑

카린의 기념품점 Karin's Souvenir

통치자 궁 바로 앞에 위치. 간판이 없고, 하얀색 차양 아래 알파벳 P와 이를 반대로 놓은 듯한 표시가 있는 문 두 개가 있는 집을 찾으면 된다. 넥타이 종류는 아주 많은데 가격이 비싼 편으로, 개당 500쿠나.

UJE

군둘리체바 광장에서 세르비아 정교회 방향으로 꺾어지면 나온다. 올리브오일과 두브로브니크에서만 살 수 있는 현지 과일 잼을 강추. 가격은 올리브오일이 50~60쿠나 정도. 작은 잼이 5개가량 꽂혀 있는 선물세트도 비슷한 가격이다.

ROUTE 5

두브로브니크의 이웃들

반예 해변 | 로크룸 섬 | 차브타트
바빈쿡 & 라파드 | 슬로베니아의 블레드
보스니아-헤르체고비나의 모스타르

시판

트르스테노

엘라피티 군도

로푸드

콜로체프

두브로브니크 주변 지역

- 바빈쿡
- 라파드
- 두브로브니크 구시가지
- 로크룸 섬
- 차브타트

보스니아-헤르체고비나

두브로브니크의
해운대,
반예 해변

플로체 게이트에서 가까운 곳에 위치한 반예 해변

두브로브니크의 장점은 중세 시대의 성을 구경하다가 더우면 바다로 뛰어 들어 물놀이를 할 수 있다는 점이다. 이를 위한 해수욕장이 있다.

플로체 게이트를 나가서 길을 따라 동쪽으로 2백 미터쯤 가다보면 로크룸 섬을 마주보고 있는 해변이 나온다. 이곳이 두브로브니크 사람들이 즐겨 찾는 반예 해수욕장 Banje Beach 이다. 도로변에서 해수욕장으로 내려가는 입구가 있으니 찾아서 내려가면 된다.

모래로 이루어진 해변은 길이가 약 1백 미터로 그리 크지 않다. 그 바람에 많은 사람들이 몰려 북적인다. 아무래도 성에서 가깝다 보니 이곳으로 사람들이 집중되는 듯싶다.

사람들이 북적이는 게 싫다면 플로체 방면으로 좀 더 올라가면 나오는 스베티 야코브 해변 Sveti Jakov Beach 도 괜찮다. 더운 여름날 걷기 힘들 경우 5번이나 8번 버스를 타고 가면 된다.

반예 해변 방면으로 뚫린 길이 플로체로 가는 길이다. 플로체 지역에는 현대식으로 지은 고급 호텔들이 몰려 있으며, 부자들의 별장 지대이기도 하다.

고급 호텔들과 부자들의 별장이
즐비한 플로체

플로체 방향에 위치한 현대미술관

플로체 지역의 호텔과 별장들은 보트 정박 시설을 함께 갖추고 있다. 그래서 호텔들은 모터보트로 두브로브니크의 로크룸 섬까지 숙박객들을 태워다 주기도 한다. 별장을 갖고 있는 부자들은 자기 소유의 보트를 타고 다닌다.

반예 해변을 지나 플로체 방향으로 가다보면 언덕에 현대미술관이 있다. 블라호 부코바치 등 크로아티아를 대표하는 화가들의 그림을 전시해놓은 곳이다. 일부 영문판 여행 책자에는 무료로 나와 있으나 입장료를 받는다.

누드 비치가 있는 로크룸 섬

유네스코에서 보호해야 할 자연환경으로 지정한 국립공원인 로크룸 섬은 플로체 게이트 쪽에 위치한 로크룸 부두에서 바로 건너다보이는 섬이다. 소위 바다택시로 통하는 작은 배로 십 분 거리에 있으며, 40쿠나 정도면 왕복이 가능하다. 마지막 배편은 오후 6시에 있다.

사랑의 섬으로 알려진 로크룸 섬은 1963년에 자연보호구역으로 지정되었고 1976년에는 삼림보호구역이 되었다. 그만큼 이 섬은 숲이 우거져 있다. 밖에서 보기에도 나무들이 많은 이 섬은 떡갈나무, 소나무, 올리브나무가 울창한 숲을 이루고 있어 두브로브니크 시에 사는 사람들에게는 이상적인 휴식처로 꼽힌다. 섬 여기저기에 돌아다니는 공작새를 볼 수 있는 점도 특이하다.

로크룸 섬이 처음 언급된 것은 1023년 베네딕트 수도원 설립 기록에서다. 두브로브니크 대성당 때 설명했듯이, 일설에 따르면 1192년 제3차 십자군전쟁에 참전했다가 돌아가던 영국의 사자왕 리처드 1세가 난파돼 위기에 처한 것을 로크룸 섬 주민들이 구해줬다고 한다.

반예 해변에서 바라본 로크룸 섬

1839년 합스부르크 왕조의 막시밀리안 폰 합스부르크가 로크룸 섬을 방문한 뒤 사들이면서 섬을 머물기 좋도록 보수했다. 그는 여름 동안 섬에 머물며 오래도록 방치된 베네딕트 수도원과 오래된 정원, 오솔길을 거닐었다.

베네딕트 수도원의 정원은 합스부르크 가를 거쳐 1959년 전통 식물과 이국적인 식물이 들어찬 식물원으로 발전했다. 유칼립투스, 야자수, 선인장 등 호주와 남미에서 가져온 식물들이 정원의 주류를 이루고 있으며, 여기저기에 공작새들이 돌아다닌다.

뿐만 아니라 바위가 많은 해변은 수영을 즐기는 사람들로 붐빈다. 특히 이곳은 누드 비치가 있어서 유명하다. 여름이면 남녀 할 것 없이 벌거벗고 일광욕을 즐기는 사람들을 쉽게 볼 수 있다. 굳이 옷을 벗지 않아도 상관없지만 사진을 찍는 것은 금지돼 있다.

섬에는 사해$^{dead\,sea}$ 라는 뜻의 므르트보 모레$^{Mrtvo\,More}$ 라는 작은 호수가 있다. 바닷물이 들어와 갇힌 이 호수는 아이들이나 수영을 못하는 사람들에게 적합하다.

베네딕트 수도원. 정원에는 이국적인 식물들이 가득하다.
로크룸 섬의 작은 호수 므르트보 모레와 섬 여기저기 돌아다니는 공작새

해발보다 높은 곳에 위치한 별 모양의 로얄 항구는 1806년 프랑스인들이 건설했다고 한다. 이곳에서는 차브타트와 두브로브니크의 훌륭한 경관을 볼 수 있다.

부두 위쪽에는 라크로마^{Lacroma}라는 카페 겸 식당이 있다. 스낵류와 아이스크림, 간단한 식사를 판매하는데, 80쿠나 정도면 식사를 할 수 있다. 더러 라이브로 음악을 연주하기도 한다. 참고로, 섬에서 야영을 하거나 담배를 피우는 행위는 금지돼 있으니 주의해야 한다.

배를 타고 도는
엘라피티 군도
투어

수목원에서 내려다본 트르스테노

ROUTE 5　두브로브니크의 이웃들

수령 4백 년이 넘은 플라타너스 나무

수목원 연못의 넵튠 조각상과 바로크식 분수

두브로브니크에서 서쪽으로 약 20킬로미터 떨어진 곳에 위치한 마을인 트르스테노Trsteno는 크로아티아 말로 '줄기'라는 뜻이다. 수량이 풍부해 작은 광장에 무려 4백 년 이상 된 거대한 두 그루의 플라타너스가 자라고 있다.

이 마을에서 가장 매력적인 곳은 25헥타르 규모의 수목원이다. 중세 시대의 조각들과 이국적인 식물들이 가득한 이곳은 르네상스 시대인 1494년에 두브로브니크의 귀족인 이반 마리노브 구체티치-고제Ivan Marinov Gučetić-Gozze가 여름 휴양지 안에 조성했다.

수목원에는 70미터 길이의 송수로로 물을 공급받는 연못이 자리 잡고 있다. 연못에는 바다의 신 넵튠의 조각상과 호화로운 바로크식 분수가 있다.

13개의 섬으로 이루어진 엘라피티 군도Elaphiti Islands는 11세기에 두브로브니크의 영토가 되었다. 이 가운데 콜로체프Koločep, 로푸드Lopud, 시판Šipan 등 3개의 섬에만 사람이 산다.

가장 편하게 돌아보는 방법은 로크룸 부두에서 출발하는 배를 타는 것이다. 하루에 세 군데 섬을 순서대로 모두 돌아볼 수 있다. 로크룸 부두에서 첫 번째 콜로체프 섬까지 걸리는 시간은 30분 정도이다. 3개의 섬 곳곳에 그리스·로마식 지명과 발칸 반도 북서부에 자리 잡았던 고대 일리리아족의 건물들이 남아 있다.

로푸드 섬의 슈니 해변

콜로체프 섬에는 작고 오래된 크로아티아 교회가 있으며, 로푸드 섬은 휘어져 들어간 동쪽 만(灣)이 중심지이지만 고운 모래와 일부 돌이 깔린 섬 서쪽의 슈니^{Sunj} 해변이 볼 만하다. 동쪽 만에서 배를 내려 1.6킬로미터 떨어진 슈니 해변까지 걸어서 20여 분이면 갈 수 있다. 해변의 폭은 좁은데 이곳에 선베드를 늘어놓았다. 역시 돈을 주고 빌려야 한다. 빌리는 값은 25쿠나. 슈니 해변에서는 근처 식당에서 파는 슈니버거라는 햄버거가 유명하다.

로푸드 섬은 바빈쿡 쪽에 위치한 두브로브니크의 신 항구에서도 갈 수 있다. 왕복 뱃삯은 46쿠나 정도이다. 로푸드 섬까지는 50분쯤 걸린다.

16세기에 선박 사업으로 유명해진 스코치부하-스테포비치$^{Skočibuha-Stjepović}$ 가문의 여름 휴양지였던 시판 섬은 두브로브니크의 신 항구에서 바로 가는 배를 탈 수 있다. 걸리는 시간은 약 1시간 20분이다. 이곳은 어부들이 바다에서 갓 잡아 올린 싱싱한 생선과 채소, 집에서 직접 만든 올리브오일로 요리한 음식들이 유명하다.

시판 섬의 스코치부하 가문 별장

두브로브니크의 모태, 차브타트

"차브타트가 없으면 두브로브니크도 없다." 차브타트가 어떤 곳인지를 단적으로 설명해주는 말이다. 원래 살던 그리스계 사람들이 에피다우루스라고 불렀던 이곳은 기원전 228년 로마의 식민지가 되었다.

이곳 사람들이 614년 슬라브족의 침입을 피해 달아나 두브로브니크를 건설했다. 차브타트는 주민들이 두브로브니크로 달아난 뒤 슬라브족들에 의해 완전히 파괴되었으나, 나중에 두브로브니크가 해상무역으로 발전하면서 세운 라구사 공화국으로 편입되었다.

그만큼 차브타트는 두브로브니크와 아주 가깝다. 작고 예쁜 부두와 깨끗한 해수욕장이 마을을 두르고 있어 두브로브니크 사람들은 차브타트를 즐겨 찾는다.

가는 방법은 두브로브니크의 스르지 산 전망대로 올라가는 케이블카 승차 지점에서 10번 시외버스를 타면 된다. 꼬불꼬불한 해안도로를 버스로 45~50분 정도 달리면 한적한 마을인 차브타트가 나온다. 버스가 지겹다면 배로 가도 되는데, 걸리는 시간은 버스와 별 차이가 없다. 유럽의 부자들은 두브로브니크에 묵으면서 요트를 이용해 이곳에 들르기도 한다. 그래서 차브타트 부두에는 부자들이 타고 온 개인 요트나 보트들이 정박해 있다.

버스에서 내려 왼쪽으로 부두를 따라 올라가면 해변과 함께 숲이 나온다. 바닷물은 속이 들여다보일 만큼 맑고 깨끗하다. 하지만 갑자기 물이 깊어지는 곳이 있으니 수영할 때 조심해야 한다. 해변은 이 지역이 대체로 그렇듯 모

돌과 바위로 된 해변이어서 물이 아주 맑다.

해변에 위치한 샤워장이나 선베드 등 별도 시설은 유료이며, 특별한 시설이 없는 곳은 자유롭게 이용할 수 있다.

차브타트 부두에 정박해 있는 부자들의 개인 보트

래 해변이 아닌 돌과 바위로 이루어진 해변이다.

특별한 시설이 없는 해변은 그냥 이용하면 되지만 선베드와 파라솔을 펼쳐놓은 곳은 이용료를 내야 한다. 샤워장 비용도 따로 받는다. 선베드와 파라솔은 각각 25쿠나를 받는 대신 샤워비는 무료다. 운이 좋으면 선베드와 파라솔 이용료를 받지 않을 때도 있다.

숲에는 진한 솔향기가 머리를 맑게 해주는 호젓한 산책길이 있다. 산책길에는 군데군데 앉아 쉴 수 있도록 벤치를 마련해놓아서 시원한 나무 그늘 아래서 한가로이 책을 읽거나 음료수를 마시며 쉬면 좋다. 워낙 날이 더워 그늘에서 쉬엄쉬엄 땀을 식히지 않으면 폭염에 금방 지친다.

크로아티아를 대표하는 화가 블라호 부코바치의 생가

마을은 워낙 작아 둘러보는 데 오랜 시간이 걸리지 않는다. 이곳에는 크로아티아의 거장인 화가 블라호 부코바치의 생가가 있다. 부코바치의 생가를 찾는 것은 어렵지 않다. 식당들이 늘어선 마을 부두를 거닐다 보면 그의 생가를 알리는 안내판이 보이고, 안내판이 가리키는 골목으로 들어가서 조금만 올라가면 찾을 수 있다.

생가에서는 특별한 건 없고 그의 초기 습작들을 볼 수 있다. 역시 일인당 20쿠나의 입장료를 내야 한다. 하지만 부코바치의 진면목을 보려면 이곳보다는 자그레브의 국립미술관이나 현대미술관을 찾는 게 좋다.

부코바치 생가에서 나와 위로 10분 정도 올라가면 언덕 위 정상에 이르게

된다. 이곳에서는 차브타트의 정경을 한눈에 내려다볼 수 있다. 차브타트뿐 아니라 멀리 두브로브니크도 보인다. 그 정도로 두브로브니크에서 가깝다. 언덕 꼭대기에는 특이하게 사당^{Mausoleum}이 있는 공동묘지가 있다. 하얀 비석들이 줄지어 선 이곳에는 비석마다 꽃이 놓여 있고, 망자의 넋을 위로하듯 시원한 바람이 끊임없이 분다. 라치치^{Račić} 집안의 가족묘이기도 한 이 사당은 이반 메슈트로비치가 설계한 것으로, 5쿠나의 입장료를 받는다.

또한 마을에는 바로크 양식으로 지은 작은 성 니콜라스 교회$^{St\ Nicholas\ Church}$가 있다. 나무 제단이 특징인 이 교회 바로 옆에는 르네상스 양식의 통치자 궁이 있다. 이곳에는 19세기 사회학의 선구자인 발타자르 보기시치가 모은 도서와 문서들이 보관돼 있다.

언덕 위 정상에 자리 잡은 공동묘지

차브타트의 성 니콜라스 교회

Reflections of
My Life,
라파드

바빈쿡 Babin Kuk과 라파드 Lapad는 두브로브니크 주변이 아니라 두브로브니크 신시가지에 해당한다. 라파드는 성이 있는 구시가지에서 4킬로미터 떨어진 곳으로, 필레 게이트 앞에서 6번 버스를 타면 10~15분 걸린다. 버스 요금은 일인당 10쿠나. 이곳은 해변을 향해 걸어가는 길에 예쁜 카페와 식당들이 늘어서 있어 우리네 카페골목을 연상케 한다.

가는 방법은 라파드 지역의 삼거리에 내려서 깨끗한 카페들이 쭉 늘어선 거리를 걸어서 통과하면 된다. 한 굽이 돌아치는 만을 끼고 있는 이곳은 시원하게 물놀이를 즐길 수 있는 해수욕장과 조용히 산책할 수 있는 고즈넉한 해안가 언덕길을 갖추고 있다.

라파드 해변은 조약돌이 깔려 있어 물이 맑다. 여름이면 이곳에도 반예 해변처럼 인근 사람들이 와서 수영을 즐긴다. 특히 라파드 해변에서 바빈쿡을 향해 걸어갈 수 있는 해안가 오솔길은 저녁에 가는 것이 좋다. 해안을 따라 오른쪽으로 계속 걷다 보면 외길이 나온다. 이 길로 아름드리 나무들이 그늘을 드리운 가운데 왼쪽으로 넓게 펼쳐진 바다를 바라보며 호젓이 산책을 즐길

라파드 삼거리에서 해변을 향해 가는 카페 길

조약돌이 깔려 있어 물이 맑은 라파드 해변. 여름 성수기에는 역시 사람이 북적인다.

수 있다.

오솔길을 한참 걸어 올라가면 발라마르 두브로브니크 프레지던트 Valamar Dubrovnik President 호텔까지 갈 수 있다. 이곳이 거의 정상인 셈이다. 여기서는 멀리 서쪽으로 온 하늘을 붉게 물들이며 장엄하게 떨어지는 낙조를 볼 수 있다.

라파드 해변에서 바빈쿡 쪽으로 올라가는 산책길에는 석양을 바라볼 수 있는 예쁜 카페와 식당이 여러 곳 있다.

태양이 하늘과 맞닿은 바다를 온통 진홍색으로 적시며 가라앉고 나면 하늘이 멍든 것처럼 연보랏빛으로 물들었다가 다시 진한 남빛으로 바뀐다. 사위가 고즈넉한 어둠에 잠기는 순간 멀리서 등대가 깜빡인다.

해가 지고 달이 뜨면 지나온 삶을 돌아보네.
The changing of sunlight to moonlight.
그때가 눈에 선하다네. (……)
Reflections of my life. (……)
나의 모든 고독과 슬픈 내일들, 집으로 날 돌아가게 해주오.
All my sorrows, sad tomorrows, take me back to my own home.

마말레이드 Marmalade 의 노래 〈Reflections of My Life〉가 절로 떠오르는 풍경

낙조를 바라보기에 좋은 레스토랑인 레바나트
레바나트의 오징어튀김 요리

이다. 이를 겨냥해 근처에 식당과 카페들이 있다. 이곳에서 저녁식사를 하거나 음료수를 마시며 바다 너머로 가라앉는 석양을 바라보노라면 가슴이 절로 벅차오른다.

추천할 만한 곳은 이탈리아 해산물 레스토랑인 레바나트 Levanat다. 두브로브니크 프레지던트 호텔 근처까지 거의 다 올라가면 나오는 이곳은 해안가 절벽 위에 나 있는 오솔길에 붙어 있어 찾기 쉽다. 야외 테이블에서 여유 있게

오솔길에서는 바다를 시시각각 다른 색으로 물들이며
떨어지는 낙조를 볼 수 있다. 완전히 해가 떨어지면 멀리 보이는
등대가 깜빡이기 시작한다.

시원한 바닷바람을 쐬며 식사하고 낙조를 즐길 수 있다. 특히 채소를 곁들인 해산물 요리가 훌륭한데, 오징어튀김이 맛있다. 또 시금치를 섞은 초록색 면으로 만든 크림소스 스파게티도 괜찮다.

해가 떨어진 뒤에는 밤하늘에 별들이 가득하다. 여유 있게 식사를 한 뒤 가로등이 들어온 오솔길을 되짚어 라파드로 돌아오노라면 여러 가지 생각이 떠오른다. 그야말로 나를 돌아보는 순간이다.

오히려 카페 거리는 낮보다 밤이 더 시끄럽다. 노천카페를 가득 메우고 술이나 차를 마시는 사람들과 건너편 유원지에서 아이들과 노는 사람들, 그리고 거리의 악사들이 내는 각종 음악소리가 어우러지기 때문이다.

그렇게 라파드에서 낭만적인 저녁을 보내고 구시가지로 돌아가려면 다시 삼거리에서 올드타운 행 버스를 타면 된다. 여름 성수기에 라파드에서 타는 올드타운 행 버스는 저녁 7~8시 이후에는 제법 사람들이 붐벼서 앉는 것은 고사하고 꽉 낀 채 서서 가야 한다.

유람선 등 큰 선박들이 정박할 수 있는 부두가 있는 바빈쿡

슬로베니아의 블레드

반예 해변이나 플로체, 로크룸 섬, 차브타트, 라파드, 바빈쿡 등은 모두 두브로브니크에서 한 시간이면 갈 수 있는 거리다. 그만큼 길게 잡아봐야 반나절, 아니면 한두 시간이면 가볍게 둘러보고 올 수 있는 곳들이다.

하지만 슬로베니아의 블레드^{Bled}와 보스니아-헤르체고비나의 모스타르^{Mostar}는 다르다. 여기는 세계지도를 넓게 펼쳐놓고 봤을 때, '아, 크로아티아 근처에 있는 이웃 나라들이구나'라는 개념의 이웃들이다. 즉 기준이 다르다는 소리다. 광활한 땅을 가진 미국이나 중국에서 서너 시간 거리에 위치한 곳을 옆 동네라고 표현하는 것과 같은 얘기다.

따라서 일정이 2주일 이상으로 여유가 있거나, 이왕 간 김에 아무리 힘들어도 꼭 가봐야겠다는 생각이 아니면 그다지 추천하고 싶지 않다. 그저 발칸반도의 볼거리를 찾는 사람들을 위해 '이런 곳도 있다'는 정도로 소개한다.

우선 슬로베니아는 크로아티아의 북쪽에 있다. 두브로브니크에서 슬로베니아의 블레드 호수를 가려면 수도인 류블랴나^{Ljubljana}로 거슬러 올라가서 다시 블레드로 들어가야 한다. 두브로브니크에서 류블랴나까지는 자동차로 약 10시간 걸린다. 결코 만만한 거리가 아니다. 류블랴나에서 블레드까지는 버스나 기차로 한 시간에서 한 시간 반가량 소요된다.

보통 류블랴나에서 유명한 포스토이나^{Postojna} 동굴을 구경하고 블레드로 넘어간다. 포스토이나 동굴 매표소는 각국어로 티켓 판매 표시를 해놓았는데, 한글도 있다.

블레드가 유명한 이유는 호수 때문이다. 빙하가 녹아 흘러내려 조성된 맑은 호수 위에 배처럼 떠 있는 섬과 절벽 위에 우뚝 서 있는 성이 어우러져 그림 같은 절경을 만들어낸다. 섬까지는 플레타나^{Pletana}라고 부르는 나룻배를 타고 건너간다. 호수 둘레는 약 6킬로미터로 적당히 걸어서 둘러볼 수 있다.

섬 중앙에는 성모승천 성당이 있어서 현지인들의 결혼식 장소로 인기가 높다. 이 섬에는 전설이 하나 전해져오는데, 비바람이 치는 밤이면 호수에 가라앉은 성당 종이 울린다는 것이다.

1백 미터가 넘는 바위 절벽 위에 우뚝 솟아 있는 성은 독일의 황제 하인리히 2세가 이 지역의 주교에게 기증한 것으로 알려져 있다. 주변 경관이 아름다워 슬로베니아가 독립하기 전인 유고슬라비아 시절에 티토 대통령의 별장이 있었던 곳으로 유명하다. 과거 북한의 김일성, 김정일 부자도 묵고 갔다고 한다.

호수 위에 배처럼 떠 있는 블레드 섬
블레드 섬의 성모승천 성당
블레드 섬의 바위 절벽에 우뚝 서 있는 성

내전의 아픔을 간직한 보스니아-헤르체고비나의 모스타르

보스니아-헤르체고비나의 모스타르는 두브로브니크에서 버스로 4시간 정도 걸린다. 슬로베니아의 블레드보다는 가까운 편이다. 조금 생소한 곳일 수 있지만, 이곳은 북한 소식이 언급될 때 종종 등장한다. 북한의 김정은 국방위원회 제1위원장의 조카 김한솔이 이곳에서 유나이티드 월드칼리지 모스타르 분교를 다녔다. 김정은의 이복형 김정남의 아들인 김한솔은 홍콩 국제학교에 입학하려 했으나 여의치 않아 2011년 유나이티드 월드칼리지 모스타르 분교에 입학했고 2013년 8월에 졸업했다. 이후 외신에 따르면 김한솔은 파리정치대학에 입학했다. 유나이티드 월드칼리지는 전 세계에 분교가 설치돼 있으며 분쟁 지역의 학생들이 주로 입학하는 곳으로 알려져 있다.

모스타르의 명소는 네레트바 Neretva 강을 가로지르는 스타리 모스트 Stari Most 다리다. '오래된 다리'라는 뜻이다. 도시 이름도 이 다리 이름에서 나왔다. 1566년에 건조된 이 다리는 양쪽에서 뻗어 올라간 나뭇가지가 가운데에서 만난 것처럼 아치형으로 맞닿아 있다. 원래는 나무 다리였으나 이 지역을 정복한 오스만 제국의 술레이만 대제가 돌로 다시 만들었다.

특이한 것은 중간에 교각이 없다는 점이다. 요즘 같으면 현수교 등 여러 가지 공법으로 교각 없는 다리를 곧잘 만들지만 지금 같은 공법이 없던 중세 시대에 길이 28미터의 다리를 무려 20미터 허공에 띄운 것은 놀라운 기술력이 아닐 수 없다.

이 다리 역시 내전의 아픔을 간직하고 있다. 크로아티아가 무차별 공격을 퍼부어 1993년 11월 오랜 역사를 지닌 이 다리가 처참하게 무너져 내렸다. 다리가 다시 모습을 드러낸 것은 2004년이다. 유네스코의 지원을 받아 오랜 기간 복구를 거쳐 옛 모습을 되찾게 되었다.

모스타르 구시가지와 스타리 모스트 다리
스타리 모스트 다리의 밤 풍경

ROUTE 6
서울에서 만난 크로아티아의 태권소녀

크로아티아의
태권소녀
젤라나

2013년 1월이었다. 운영 중인 블로그(wolfpack.tistory.com)에 두브로브니크 여행 관련 글(wolfpack.tistory.com/entry/아드리아해의-진주-두브로브니크)을 몇 번 올렸더니, 누군가 답글을 남겼다. 두브로브니크에 대해 설명을 잘했다며 더 자세히 알고 싶으면 연락을 달라는 글이었다.

궁금해서 연락을 했더니, 뜻밖에도 한국에 유학 온 크로아티아 아가씨였다. 젤라나라는 이 아가씨는 우리말은 물론이고 한글까지 읽고 쓸 줄 알아 무척 놀랐다. 어떻게 우리말을 그리 잘하느냐고 물었더니, 태권도 때문이었다. 젤라나에 따르면 우리 학부모들이 아이가 어렸을 때 건강을 위해 태권도장에 보내듯 크로아티아 사람들도 아이들을 태권도장에 보낸다. 그래서 크로아티아 수도인 자그레브에 태권도장이 여러 군데 있단다.

"크로아티아에서도 태권도를 한국어로 '태권도'라고 발음해요. 주로 한국에서 태권도를 배운 크로아티아 사람들이 가르치거든요."

크로아티아의 태권도 사랑은 올림픽 메달리스트를 배출할 만큼 뜨겁다. 특히 여성들의 태권도 실력이 상당하다. 2008년 베이징 올림픽에서 여자 57킬로그램급에 출전한 마르티나 주브치치가 동메달을 획득한 데 이어 2012년 런던 올림픽에서도 태권도 여자부 49킬로그램급에 나온 루시야 자니노비치가 동메달을 땄다. 특히 마르티나 주브치치는 빼어난 미모 덕에 당시 얼짱 태권소녀로 인터넷을 뜨겁게 달구기도 했다.

젤라나도 고교 시절 태권도를 배워 1단을 땄다. 비록 한국인이 아닌 크로아티아 사람이 운영한 태권도장이었지만 거기서 한국말을 한두 마디 배운 것이 인연이 돼 한국에 올 생각을 하게 되었다.

자그레브에서 대학을 다니며 틈틈이 익힌 한국어를 발판 삼아 젤라나는 한국으로 유학을 왔다. 자그레브 대학에서는 경제학을 전공했고, 5년 동안 우리나라 대학원에서 한국지역학을 공부하면서 한국어가 부쩍 늘었다. 우리말로 의사소통에 문제가 없을 정도로 한국말을 잘한 덕분에 그녀는 국내 대기업 전자회사에 취직이 되었다.

처음 만났을 때는 서울에서 근무했지만, 얼마 안 돼 크로아티아 현지 법인으로 발령 나서 지금은 자그레브에서 일한다. 그렇지만 지금도 이메일을 주고받으며 서로의 소식을 전하고 있다.

크로아티아의 현재— 위기의 경제

인구가 450만 명에 불과한 크로아티아는 우리와 비슷한 5년제 대통령제를 채택하고 있다. 원래는 대통령의 권한이 강력했으나 크로아티아의 독립을 선언해 유고슬라비아 내전을 촉발했던 프라뇨 투지만 대통령이 오랜 독재 끝에 1999년 사망한 뒤, 2000년에 민주 정부가 출범하면서 국민투표로 뽑은 대통령의 권한을 대폭 축소하고 행정 수반으로만 남겨둔 채 의원내각제로 돌아섰다. 의회는 우리처럼 국민투표로 선출된 4년 임기의 의원들 1백여 명으로 구성된다.

하지만 크로아티아는 세계적인 관광자원을 갖고 있음에도 불구하고 정치, 경제적 현실을 들여다보면 암울하다. 2011년 크로아티아는 집권여당인 크로아티아민주동맹HDZ을 둘러싼 부패 스캔들로 나라가 시끄러웠다. 전 당수였던 이보 사나데르Ivo Sanader가 수백만 달러를 횡령한 혐의를 받고 수감됐기 때문이다.

그뿐만이 아니다. 외신에 따르면 HDZ의 권력자들은 몇 해에 걸쳐 10억 달러 이상의 돈을 횡령한 것으로 드러났다. 또 HDZ와 인맥이 닿는 소수 특권

층들은 이권에 개입해 부를 축적했다.

이런 사실이 언론을 통해 알려지자 HDZ는 이를 비판한 매체들을 탄압했다. 판사들은 권력자들에게 매수돼 공정한 판결을 내리지 않았고, 법원에는 무려 1백만 건 이상의 소송 사건이 밀렸다. 한마디로 법 집행이 제대로 이뤄지지 않은 것이다.

이 때문에 야드란카 코소르Jadranka Kosor 총리는 땅에 떨어진 집권 여당의 신뢰를 회복하기 위해 여러 가지 자구책을 내놓았으나 모두 실패했다. 그 바람에 경제는 곤두박질쳤다. 실업률은 무려 17~20퍼센트에 이르며, 특히 한창 일할 나이인 청년들의 실업률은 40퍼센트에 육박했다.

반면 경제성장은 미미하다. 이런 상황에도 불구하고 HDZ는 무분별하게 돈을 빌리는 바람에 국가의 빚을 산더미처럼 늘려놓았다. 크로아티아의 국민 일인당 국가부채 비중은 유럽에서 가장 높은 편이다.

코소르 총리는 이를 해결하기 위해 정부 지출을 줄이고 국가복지 계획을 개편해야 하는데도 필요 조치를 제대로 취하지 못했다는 지적을 받았다. 대신 세금을 올렸다. 특히 외국 기업에 대한 세금을 올렸다.

그 바람에 크로아티아에 투자하려는 외국 기업들을 내모는 꼴이 돼서 결국 국내 투자는 일어나지 않고 덩달아 일자리 창출까지 막혔다. 그렇다 보니 고등교육을 받은 청년들은 일자리를 찾아 해외로 떠나고 있다. 젤라나도 "크로아티아 젊은이들이 대부분 유럽의 다른 지역으로 나가서 돈을 벌고 싶어 한다"고 전했다.

　급기야 크로아티아 중앙은행이 국가 부채가 급격히 늘어나자 2012년 국가 파산 사태와 금융산업의 붕괴가 일어날 수 있다고 경고했다. 한마디로 크로아티아는 위기다.

두브로브니크의 통치자 궁 옆에 있는
카페를 지키는 문지기 인형

위기 해법으로 꺼낸 EU 가입 카드

총체적 위기 앞에서 집권 여당인 HDZ가 내놓은 카드는 유럽연합EU 가입이었다. 크로아티아는 국민투표로 2012년 12월 EU 가입을 결정하고 2013년 7월 1일부터 28번째 EU 회원국이 되었다. 전 유고슬라비아 연방에서 독립한 6개국 중 슬로베니아에 이어 두 번째로 EU에 가입한 것이다. HDZ는 EU에 가입하면 여러 가지 난관이 해결될 것으로 보고 여기에 모든 것을 걸었다. 이유는 가입 조건으로 40억 유로의 지원을 약속받았기 때문이다.

이에 대해 크로아티아 사람들은 생각이 엇갈린다. 기회가 된다고 보는 사람도 있고, 생각만큼 이득이 없을 것이라는 시각도 있다. EU 가입이 도움이 되지 않을 것이라고 보는 이유는 EU 회원국이 되면 경제를 개방해야 하기 때문이다. 시장 개방과 더불어 재정 정책도 EU와 보조를 맞춰야 한다.

그렇다 보니 EU 가입을 반대한 사람들은 지금처럼 내수경기가 취약한 상황에서 시장이 개방되면 타격이 크다고 주장했다. 무엇보다 농업과 어업의 타격을 우려했다. 원유와 천연가스가 대량 매장돼 있을 것으로 추정되는 아드리아 해의 경제수역도 EU에 개방해야 한다. 주요 수출품목인 포도주 산업도 흔들릴 수 있다.

크로아티아가 미덥지 못하기는 EU도 마찬가지다. 크로아티아의 재정상태가 썩 좋지 않기 때문이다. 자칫 잘못하면 재정위기를 겪고 있는 그리스나 스페인 같은 골칫덩어리를 오히려 하나 더 늘리는 셈이 될 수 있다. 즉 막대한 크로아티아의 국가부채 해결을 위해 거액의 구제금융을 내놓아야 할지도 모른다는 우려다.

현재 EU와 미국은 10억 달러 이상의 원조자금을 크로아티아에 제공했다. 하지만 이 돈은 경제개혁에 사용되지 않고 집권 여당의 권력자들 호주머니 속으로 사라졌다.

여기에 1991년부터 1996년까지 이어진 유고슬라비아와 보스니아 내전의 전범 처리 문제에 대해 크로아티아가 비협조적이었던 점도 EU 가입의 걸림돌이 되었다.

크로아티아의 EU 가입 6개월간의 성적표는 좋지 않다. 2013년 11월, 유럽 외신들은 크로아티아가 산더미 같은 빚을 스스로 해결할 능력이 없어서 국제통화기금IMF의 구제금융을 신청할 것이란 예상을 내놓았다.

2008년 이후 경제성장이 정체된 크로아티아의 국가 재정적자는 2013년 2분기에 국내총생산GDP의 7.2퍼센트를 기록해 EU 회원국 가운데 그리스, 스페인, 아일랜드 다음으로 높았다. EU 집행위원회는 크로아티아가 2014년에도 GDP의 6.5퍼센트 수준의 재정적자를 기록할 것으로 내다보았다.

원유와 천연가스가 대량 매장되어 있을 것으로 추정되는 아드리아 해

그래도 EU 가입 후 좋아진 점이 있다면 무엇인지 젤라나에게 물어봤다.

"EU 가입으로 크로아티아에서 크게 달라진 것은 없어요. 여전히 크로아티아에서는 유로화보다 크로아티아 화폐인 쿠나를 많이 쓰고 있지요. 유로화가 크게 통용되지는 않아요. 앞으로도 몇 년간은 그럴 것 같아요.

편한 점이라면 유럽의 다른 나라에 갈 때 여권 없이 갈 수 있다는 거예요. 크로아티아 국민이라는 사실을 증명하는 신분증만 있으면 돼요. 또 EU에서 자영업을 시작하면 실업급여 대신 정부에서 보조금을 지급해주고 있어요. 창업할 때 창업자금을 지원해주는 거죠."

한국에 없는 주한 크로아티아 대사관

내정이 흔들리다 보니 적극적인 외교도 제대로 못하고 있다. 크로아티아는 아시아 국가 중에서 최초로 1992년 4월 크로아티아의 독립을 승인한 한국에 대해 우호적이다. 그래서 양국은 대사급 외교관계를 맺었다. 덕분에 두 나라 국민들은 관광 및 사업 목적으로 방문할 때 90일 동안 비자 없이 머물 수 있다.

하지만 우리는 2005년 자그레브에 대사관을 설치한 반면 크로아티아는 아직까지 서울에 대사관이 없다. 돈이 없기 때문이다. 그래서 2012년 새로 부임한 미라 마르티네스 Mira Martinec 크로아티아 대사는 일본 도쿄에 상주하며 한국과 일본 대사 업무를 같이 보고 있다. 2011년 당시 박희태 국회의장이 크로아티아를 방문해 주한 대사관 개설을 요청해 긍정적인 답변을 듣긴 했으나 경제가 어려우니 서울에 언제 대사관을 마련할지 알 수 없는 상황이다.

이 때문에 불편을 겪는 것은 크로아티아 사람들이다. 당장 젤라나도 황당하다는 반응이다.

"예를 들어 크로아티아에서 한국에 관광 왔다가 여권을 잃어버렸어요. 그

두브로브니크 성 안에 사는 사람들은 마음대로 건물을 개조할 수 없어 성 밖에 나가서 살고 싶어 한다.

러면 대사관에 가서 여권 분실 신고를 하고 다시 발급받아야 하잖아요. 그런데 주한 크로아티아 대사관은 일본 도쿄에 있어요. 그럼 어떻게 여권을 재발급받지요? 여권이 없으니 대사관이 있는 도쿄로 가는 비행기표를 끊을 수 없잖아요. 말이 안 돼요."

유네스코 세계문화유산 안에서 살아가는 두브로브니크 사람들은 다른 지역보다 더 힘들다. 특히 올드타운, 즉 성 안에 거주하는 주민들은 성을 벗어나고 싶어 한다. 문화유산이어서 마음대로 건물을 개조할 수 없다 보니 몇 백 년 된 비좁은 건물에서 불편하게 살 수밖에 없기 때문이다. 그래서 두브로브니크 주민들은 대부분 성에서 벗어나 라파드나 바빈쿡 쪽 신시가지에서 살고 싶어 한다.

하지만 이마저도 쉽지 않다. 라파드, 플로체 등 올드타운 외곽의 신시가지 집들은 대부분 유럽의 부자들이 갖고 있다. 유럽 부자들이 경관 좋은 두브로브니크의 신시가지 쪽 집들을 사들이면서 집값이 치솟아 정작 이곳에서 생활하는 두브로브니크 주민들은 신시가지에 집을 사고 싶어도 살 수가 없다.

당연히 성을 벗어나고 싶지만 벗어날 수 없는 주민들은 불만이 많아질 수밖에 없다. 이를 타개하려면 크로아티아 정부에서 성에 거주하는 주민들에게 불편을 감수하며 살아가는 데 대한 보상비 등 여러 가지 지원을 해주는 방법뿐인데, 정부의 재정이 부실하다 보니 이마저도 쉽지 않은 상황이다.

그만큼 크로아티아의 관광정책은 부실하다. 사실상 거의 없다고 해도 과언이 아니다. 크로아티아 정부는 소중한 관광자산을 갖고 있으면서도 2011년이 돼서야 겨우 관광정책 마련을 위한 위원회를 소집했다. 주로 기업과 정부 등에서 참여하고 있는데 이마저도 이해관계가 다르다 보니 통일된 목소리가 나오지 않는다. 크로아티아 정부도 매년 두브로브니크를 찾아오는 사람들이 늘고 있어 관광산업의 가치를 잘 알고 있지만, 정작 어떻게 관광정책을 발전시켜야 할지에 대해서는 뾰족한 해답을 내놓지 못하고 있다.

발칸 내전을
말하지 마라

크로아티아가 속한 발칸 반도는 아직도 내전의 상처가 남아 있다. 우리는 60년이 지난 한국전쟁의 상처가 아직도 남아 이념 대립의 갈등이 불거질 때마다 그 여파가 미치는데, 하물며 발칸 반도의 내전은 이제 20년이 갓 지났으니 상처가 가실 리 만무하다. 그만큼 발칸 지역에서는 되도록 그들의 상처를 건드리는 내전 이야기를 하지 않는 것이 좋다.

발칸 내전, 즉 유고슬라비아 내전은 총 네 번에 걸쳐 일어났다. 1991년 슬로베니아 독립 선언으로 첫 번째 내전이 일어났고, 1991~1992년 크로아티아 독립이 발단이 돼 두 번째 전쟁이 터졌다. 크로아티아 분리 선언으로 일어난 두 번째 전쟁은 발발 일이 공교롭게도 6월 25일이었다. 세 번째 전쟁은 1992년 보스니아-헤르체고비나에서 일어나 1996년까지 이어졌고, 네 번째 전쟁은 1998~1999년의 코소보 분쟁이었다.

내전의 원인은 단순히 지역 간 이해타산이 아니라 오랜 역사에 뿌리를 둔 민족 갈등 때문이었다. 발칸 반도는 무역 요충지이다 보니 여러 차례 침략을 받으면서 가톨릭, 동방정교, 이슬람 등 다양한 종교와 민족이 뒤섞이게 되었다. 민족 갈등이 곪아터진 것은 제2차 세계대전 때였다. 나치 독일의 사주를 받은 크로아티아의 파시스트 조직인 우스타샤가 일부 무슬림들과 손잡고 괴뢰 정권을 세운 뒤 세르비아인들을 학살했다. 특히 1942년 4월 한 지역을 몰살하다시피 한 스레브레니차 Srebrenica 학살은 악명이 높다.

세르비아인들도 당하고만 있지 않았다. 세르비아 저항단체인 체트니크 Chetnic 가 우스타샤 및 무슬림들을 공격하면서 종족 간에 죽고 죽이는 살육전이 벌어졌다. 이때부터 크로아티아와 세르비아 민족 사이에 골이 깊어졌다.

제2차 세계대전이 끝난 뒤 유고슬라비아 연방이 결성되고 대통령이 된 티토는 각 지역에 대폭적인 자치권을 허용하면서 큰 무리 없이 연방을 이끌었다. 하지만 1980년 티토 사후에 일이 터졌다.

그동안 티토가 국가 운영을 위해 끌어다 쓴 엄청난 외채 때문에 살인적인 물가 폭등이 일어나면서 화폐 가치는 급락했다. 먹을 것도 없고 연료도 없고 일자리도 부족해지자 각 지역이 들고 일어났다. 마케도니아는 1991년 유고슬라비아 연방에서 평화적으로 독립했고, 슬로베니아도 같은 해 열흘간 전쟁을 벌여 세르비아계를 몰아내고 홀로 섰다. 1991년 6월 25일 크로아티아도 독립을 선언하면서 사실상 유고슬라비아 연방은 와해되었다.

세르비아가 주축이 된 유고슬라비아 연방정부는 크로아티아 독립에 반대했다. 뿐만 아니라 밀로셰비치 Slobodan Milošević 세르비아 대통령은 세르비아인들

유고슬라비아는 총 네 차례에 걸쳐 내전이 일어났다.

을 중심으로 한 강력한 단일국가 건설을 주장했다.

  여기에 영향을 받은 크로아티아에 살던 세르비아인들이 세르비아 크라이나 공화국 Republika Srpska Krajina 을 선포하며 크로아티아에서 떨어져 나가겠다고 선언했다. 세르비아인들은 민병대를 결성해 크로아티아 경찰서를 습격했고 50만 명의 크로아티아인들을 세르비아 크라이나 지역에서 쫓아냈다. 이에 프라뇨 투지만 크로아티아 대통령도 25만 명의 세르비아인들을 축출하면서 전쟁이 본격적으로 시작되었다.

  세르비아가 크로아티아의 25퍼센트가 넘는 지역을 확보한 상태에서 밀로셰비치 세르비아 대통령과 프라뇨 투지만 대통령은 1992년 1월 정전에 합의

해 7개월간의 전쟁에 종지부를 찍었다. 크로아티아는 1만여 명이 죽는 피의 대가를 치르고서야 독립국이 될 수 있었던 것이다. 이후 세르비아와 크로아티아는 보스니아 지역으로 눈을 돌렸다.

보스니아는 3개국이 연방에서 떨어져 나가자 독립을 선언했다. 이번에도 역시 유고 연방의 주축인 세르비아가 강력하게 반대했다. 이슬람계(40퍼센트)와 세르비아계(40퍼센트), 크로아티아계(20퍼센트)가 다양하게 섞여 있는 점도 독립을 어렵게 했다. 이슬람계와 크로아티아계는 1992년 3월 국민투표에서 독립을 결정했다. 그러나 투표에 참여하지 않은 세르비아계가 유고 연방, 즉 세르비아에서 무기를 공급받아 인종청소에 나서면서 본격적인 내전이 벌어졌다.

세르비아는 보스니아 지역의 3분의 2를 강제 점령하고, 보스니아의 수도 사라예보를 3년 8개월 동안 포위한 채 공격을 퍼부었다. 더불어 트레노폴리에Trnopolje 와 오마르스카Omarska 등에 강제수용소를 세운 뒤 악명 높은 인종청소를 단행했다. 수많은 무슬림과 크로아티아인들이 세르비아 민병대와 군대, 경찰에게 학살당했고 여자들은 강간당했다.

특히 1995년 7월 보스니아 수도 사라예보에서 50킬로미터 떨어진 스레브레니차에서 일어난 참극은 역사상 최악의 인종 학살로 꼽힌다. 세르비아군과 보스니아의 세르비아계 민병대는 불과 며칠 동안 4만여 명의 이슬람계 중 10~50대 남성 8천여 명을 학살했다. 제2차 세계대전 후 처음 열린 전범재판에서 집단학살죄가 적용될 만큼 잔인한 학살이었다.

크로아티아도 자국 민족을 보호한다는 구실로 보스니아 지역에 독립국가를 세우기로 하고 수도를 모스타르로 정한 뒤 공격을 퍼부었다. 이때 유명한 스타리 모스트 다리가 포격으로 무너졌다.

1992년부터 1996년까지 이어진 보스니아 내전으로 사망한 사람은 공식 집계만 10만 명에 이른다. 비공식적으로는 50만 명이라는 주장도 있다. 제2차 세계대전 때 나치의 유대인 학살 이후 최악의 인종 학살이 자행되었기 때문이다.

1995년 12월, 3년 8개월간의 보스니아 내전은 종지부를 찍었지만 미국과 EU 주도의 데이튼 협정으로 태어난 보스니아는 겉모습만 연방일 뿐 속은 세 조각으로 찢어진 상태다. 보스니아는 협정에 따라 이슬람계와 크로아티아계 주민들이 모인 보스니아-헤르체고비나 연방과 세르비아계 주민들이 세운 스르프스카 공화국(세르비아 공화국)으로 분리되었다. 당연히 국기와 국가도 다르다. 심지어 군대마저 2004년까지 각기 운용했다.

연방 내에 연방이 자리 잡은 기형적 구조 속에 대통령은 이슬람계와 크로아티아계, 세르비아계가 각 세력별로 한 명씩 뽑아 총 세 명이 8개월마다 돌아가며 4년 임기를 채우고 있다. 이렇다 보니 각 세력별로 대통령이 바뀔 때마다 정책도 달라진다. 로이터 통신은 "전체 인구가 350만 명인 나라에 총리는

13명, 장관만 130명"이라며 "체제를 유지하는 비용만 국내총생산의 30퍼센트 이상"이라고 보도했다.

보스니아 주민들은 전체 인구의 3분의 1인 세르비아계가 국토의 절반을 차지하는 상황을 못 견뎌한다.

이후 몬테네그로가 2006년 투표를 통해 평화적으로 세르비아로부터 독립했으나, 코소보 자치구 문제는 아직 해결되지 않아 발칸 반도의 또 다른 분쟁의 불씨로 남아 있다.

두브로브니크의 스르지 산 정상에 서 있는 십자가. 나폴레옹이 1808년에 이 일대를 점령한 기념으로 세웠다.

크로아티아 랩소디

지상낙원 두브로브니크

© 최연진, 2014

초판 1쇄 발행 2014년 1월 27일
초판 3쇄 발행 2015년 7월 20일

지은이	최연진
펴낸이	김철식
펴낸곳	모요사

출판등록 2009년 3월 11일(제410-2008-000077호)

주소	411-762 경기도 고양시 일산서구 가좌3로 45 203동 1801호
전화	031 915 6777
팩스	031 915 6775
이메일	mojosa7@gmail.com

ISBN 978-89-97066-21-6 13980

- 이 책의 판권은 지은이와 모요사에 있습니다. 이 책 내용의 전부 또는 일부를 다시 사용하려면 반드시 양측의 동의를 얻어야 합니다.
- 값은 뒤표지에 표시되어 있습니다.
- 잘못 만들어진 책은 구입처에서 바꿔드립니다.